传媒产业管理研究

唐 英　黄 娟◎著

西南交通大学出版社
·成 都·

图书在版编目（CIP）数据

传媒产业管理研究 / 唐英，黄娟著. --成都：西南交通大学出版社，2023.9

ISBN 978-7-5643-9506-3

Ⅰ. ①传… Ⅱ. ①唐… ②黄… Ⅲ. ①传播媒介 – 产业发展 – 研究 – 中国 Ⅳ. ①G219.2

中国国家版本馆 CIP 数据核字（2023）第 190181 号

Chuanmei Chanye Guanli Yanjiu

传媒产业管理研究

唐 英 黄 娟 **著**

责任编辑	何宝华
封面设计	墨创文化
出版发行	西南交通大学出版社 （四川省成都市金牛区二环路北一段 111 号 西南交通大学创新大厦 21 楼）
发行部电话	028-87600564 028-87600533
邮政编码	610031
网址	http://www.xnjdcbs.com
印刷	成都勤德印务有限公司
成品尺寸	170 mm × 230 mm
印张	13
字数	202 千
版次	2023 年 9 月第 1 版
印次	2023 年 9 月第 1 次
书号	ISBN 978-7-5643-9506-3
定价	68.00 元

课件咨询电话：028-81435775

前 言

PREFACE

传媒产业不同于一般产业，它的发展不仅关系到传媒经济发展，也关系到我国社会稳定和文化繁荣。传媒产业要发展、要壮大，离不开传媒管理制度的改革与完善。我国传媒产业的改革是跟随中国经济体制改革步伐展开的，也是随着中国特色社会主义市场经济体制的建立、我国文化建设的开展而逐步进行的。

传媒本身具有双重属性，一方面它是舆论的引导者，是党和政府的喉舌，是社会公正的代言人角色；另一方面它是一个产业，能够给从业人员带来经济收入。

我国传媒产业化从 1978 年《人民日报》《光明日报》等在北京的八大新闻单位向国务院提出实行“事业单位，企业化管理”的管理模式以来，经历了 40 多年的探索、改革和发展过程。

40 多年来，传媒产业的三个转变使得传媒产业得以快速发展。

第一个转变：传媒产业向做大做强方向转变。一是传媒经营由区域性、本土化的单一模式逐步向跨地区化、多元化经营方向转变。二是传媒生产由普遍性、大众化、单一性向传媒产品的个性化、柔性化、多样化方向转变。三是传媒集团由政府安排、行政命令主导向以市场调节的多层次、多形式的集约化方向转变。

第二个转变：传媒产业向全球化、世界性方向转变。一是传媒产业逐步与国际接轨，传媒产品生产、传播与经营走出国门，传媒的经营和管理日益具有现代观念和思维。二是传媒之间的竞争从介质的竞争和传媒间的竞争向着全方位、立体化竞合机制转变。三是传媒的经营和管理改变本土定位向跨国传媒集团方向转变。

第三个转变：传媒产业向智能化和互联网化方向转变。一是随着大数据、人工智能的发展，传媒经营和管理从局域化、刻板化思维和观念向互联网化、智能化思维和观念方向转变。二是传媒产业经营依据大数据、人工智能分析将内部管理向战略型、集成化方向转变。三是传媒组织结构向小型化、扁平化、精干化方向转变。

传媒产业是国家政治、经济、社会、文化发展的重要组成部分，从党的十八大报告把文化建设提升为国家决策以来，我国文化建设得到快速发展。从党的十九大报告提出的文化建设到十九届四中全会提出找准文化高位，增强“软实力”，再到十九届五中全会提出建设文化强国，以及“十四五”规划的文化产业体系和市场体系，充分体现了我国对文化产业的重视。在国家政策的大力支持和扶持下，我国传媒产业经过 40 多年的摸索和发展，从传媒的资本运营到传媒集团化，再到传媒全球化，形成了自己独特的发展规律互联网技术的发展使传统媒介与新兴媒介进行融合以及新兴媒介之间进行融合，传媒的影响力大大提高。在大数据和人工智能技术的支持下，传媒开始走向平台化和智能化。这一系列变革推动了文化产业的发展，提升了我国文化软实力。

本书从管理学视角，对当前我国传媒产业界存在的问题进行思考，找出问题所在并分析问题存在的原因，较为准确地把握传媒产业面临的管理环境和发展趋势问题。

本书以文献研究、文本研究为基础，分析了传媒产业管理的现状、发展思路、主要内容、存在的问题及原因，提出解决问题的对策，并辅以案例分析，具有一定的学术价值和实践操作性。

作者

2023 年 3 月

目 录

CONTENTS

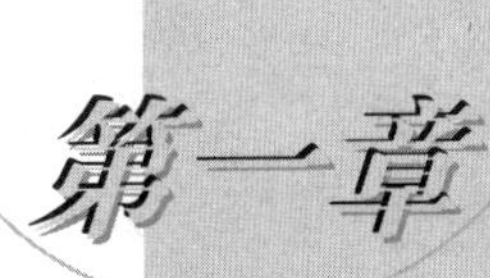

第一章 传媒市场研究

我国传媒产业是基于传媒市场的形成而逐步发展的，具有中国特色。本章在梳理传媒市场相关研究的基础上，对西方传媒市场形成与发展分阶段论述，并通过分析我国传媒市场的形成及现状，把握我国传媒的基本属性。我国传媒产业是基于传媒市场的形成而逐步发展的，具有中国特色。本章在梳理传媒市场相关研究的基础上，对西方传媒市场形成与发展分阶段论述，并通过分析我国传媒市场的形成及现状，把握我国传媒的基本属性，指出传媒产业目前存在的基本问题。

一、传媒市场概念辨析

传媒市场的是传媒产业发展的前提，此处通过理论阐释及概念梳理，对传媒市场进行分析，进而探寻传媒市场类型。

（一）麦克卢汉的传媒理论

传媒市场理论的基础是麦克卢汉的传媒理论，主要体现在以下几个方面。

1. 传媒即信息

这是指传媒的发展不是由媒体内容所决定的，而是由传媒本身所决定的，每一次传媒技术的发展都产生新的媒体，真正起决定性作用的不是传媒所承载的内容，而是媒体技术本身。这也成为“传媒技术论”的基础。这一观点改变了传统的媒体内容论，对现实生活产生了很大影响。

随着互联网技术的发展，尤其是移动互联网的发展，在原有的报纸杂志、广播电视等传统媒体之外，借助于互联网特别是移动互联网，各种新兴媒体如雨后春笋般发展起来。近些年大数据、人工智能、互联网的发展形成了“万物皆媒”。改变我们的生活方式和行为方式的不仅是各类媒体所承载的信息内容，同时还有各类媒体尤其是互联网媒体和移动互联网媒体本身。人类社会的发展史本身也是技术发展史，技术能够推动社会变革，形成新的社会结构。

2. 传媒即人的延伸

传媒技术的发展延伸了人的感官，报纸、广播、电视将人们视觉、听觉延伸，人们获得信息的渠道得以增加。传媒技术的发展，还改变了传媒的生态环境，改变了人类社会生活的方方面面。

3. 地球村

这是麦克卢汉 20 世纪 60 年代提出的另一重要思想。他认为在传媒技术发展的前提下，人们不分地域和国界完全连在一起，从而形成地球村。进入 21 世纪以后，随着第三次、第四次信息革命，传媒技术得以快速发展，这一理论体现了它的超前性。互联网技术和移动互联网技术把全球各地的人联系起来，大数据、人工智能技术的发展，将全人类的信息和思想沟通，人们突破了时空界限，消除了地域界限和文化差异，有助于实现全球经济一体化，实现世界和谐与和平。

（二）传媒定义

狭义的传媒是指承载并传递信息的载体，人们通过这些载体将信息传递给受众，将传播者与接受者连接起来。

广义的传媒是指能够将人与人之间、人与事件之间、事物与事物之间连在一起的物质，不仅包括任何我们能够想象到的现实事物，也包括一些抽象的东西，如文化、文字、语言等。

（三）传媒市场

1. 传媒市场的概念

传媒市场指的是传媒产品交易之处。传媒市场不同于普通市场，主要是传媒产品生产、交换和消费的市场，是由传媒技术和产品所集结的传媒生产、传播和消费的系统环境，具有识别性、进入性、盈利性、稳定性等特征，不同媒体具有不同的受众及需求，传媒市场正是针对不同受众需求而产生的。

传媒市场通过媒体的内部体制和运行机制生产出传媒产品，再通过媒体本身的渠道进行传播并扩大传播影响力；消费者则通过媒体的频道、渠道或平台对媒体所推出的新闻、信息、广告、资讯等产品进行消费。

2. 传媒市场的构成

（1）媒体本身。媒体本身是指媒体组织机构，涉及报纸、杂志、书籍、广播、电视、互联网等。

（2）传媒生产要素。传媒生产要素是指构成传媒生产的各个成分，涉及资本、生产资料、内容、人力资源等。

（3）受众。受众包括大众受众，如报纸、杂志、广播、电视的读者；包括分众受众，报纸杂志的分栏化、广播的类型化、电视的频道化，这些都是针对不同受众而设定的；包括小众受众，如对古董、股票投资感兴趣的受众；包括个人化受众，如手机的个性化受众。

二、西方传媒市场的形成与发展

（一）西方传媒市场的萌芽——地中海北岸的“格塞塔”（Gazzetta）

1536 年威尼斯已有专门采集消息的机构和贩卖手抄小报的商贩，手抄小报主要登载商业行情、交通信息等，每份一个铜元，当时的铜元叫“格塞塔”。所以，人们又将小报称为“格塞塔”。这标志着具有商业性质的近代报刊的雏形形成。

（二）西方传媒市场的诞生——美国的《纽约太阳报》

《纽约太阳报》是 1833 年创办的美国第一份依照商业规则所办的商业报纸，售价低廉，仅 1 美分，故又称“便士报”，即廉价报刊。

《纽约太阳报》的广告语是“让阳光普照大地（又译为‘它为人人发光’）”。它打破了当时政党报刊独霸的局面，主要报道社会大众关心的话题和新闻。“便士报”的特点是售价低廉，每 100 份批发 67 美分，每份零售 1 美分。发行方式从订阅转向街头叫卖。它以城市劳动群众作为读者对象，提供许多人情味浓的本地新闻，不惜工本报道娱乐新闻。广告是报纸主要的经济收入。作为大众报纸，《纽约太阳报》开创了新闻传播史的新纪元。此后，贝内特创办了《纽约先驱报》(1836)，格里利创办了《纽约论坛报》(1841)，标志着大众报业的崛起。

19世纪30年代，在纽约一共有35家便士报。这些廉价报具有自己的经营模式，通过1便士的低价发售吸引众多读者，从而吸引广告投入，获取广告收入。以大家关心的内容吸引读者，成为传媒经营的新模式。

廉价报成功的原因，一是优秀的新闻人才。廉价报内部有自己的管理人才和编辑、记者。二是定位精准，面向社会中下层，为大众服务。廉价报经过市场调查了解读者的需求，依据读者的需求进行精准定位而赢得读者的认可。三是重视新闻价值和获取新闻的途径。廉价报不仅内容上关注读者关心的问题，同时关注一些重要新闻，形成自己独特的报道风格。四是重视读者。廉价报注意对读者心理的了解和研究，重视读者心理需求并与读者进行沟通和交流，及时掌握读者的需求，并根据需求不断调整，从而获得更多读者。五是创新。廉价报刊登广告，获取收入以持续经营。

（三）西方传媒市场的初步发展——过渡时期的报业

西方传媒的初步发展是在19世纪末到第一次世界大战前。具体分为以下发展阶段。

1. 初步发展

不再受制于政府或政党，而是独立办报，形成自己的办报风格。报纸针对大众销售，扩大了销售量。有专门的内容提供者，报纸之间为了利益进行激烈的竞争。

2. 规模发展

传媒规模从小到大、从少到多，报纸发行量不断增加，面向大众的报纸也日益增加，办周报成为当时的趋势。

3. 报业集团形成

随着资本的介入和集中，开始出现报业集团，美国斯克里普斯报业集团是世界上第一个报业集团。报业集团的形成将传媒市场发展推向垄断，且产业化局面更为突出。在激烈的竞争中，传媒集团从垄断走向全球化，形成了全球性的报业公司和集团，如时代华纳公司，经营范围包括报纸、杂志、图书、音乐、电影、电视等，而且向全球扩展形成了一个传媒超级王国。

4. 通讯社与三社四边协定

纽约六家办报人于 1848 年 5 月在纽约太阳报社聚会，签署了一项协议，组成“港口新闻社”，制定了共同的章程和规章制度，规定集体采集新闻、共同分担费用等。1851 年，“港口新闻社”更名为“电讯与新闻联合社”。19 世纪 60 年代开始使用“联合通讯社”的名称，成为现代报业联合会（通讯社）的先驱，即美联社。

随着世界级通讯社的发展，1970 年，欧洲三大通讯社制定了新闻采访和发布范围的协定，美联社也加入了该协定。这一协定被称“三社四边协定”。

5. 黄色新闻泛滥

由于报业竞争加剧，报社为了各自的生存和发展，开始迎合大众，尤其是受教育程度不高的读者对低俗新闻花边消息的需求，出现了品质低劣、内容不实的新闻，黄色新闻泛滥，社会舆论品质下滑。基于此，新闻界提出“有胆识的、令人尊敬的和有能力的”主编精神，即每期报纸提供敢于说真话的机会，从而增加报纸的社会责任感，对当时社会上有知识、有教养、有独立见解的人给以应有的尊重和敬意，不再因为党见的不同、派系的不同以及对流行的认识不同而改变办报理念。

（四）19 世纪中叶至 20 世纪末西方完全传媒市场的形成

西方完全传媒市场的形成分为两个层次：

第一层次是以报业为主的报业市场。19 世纪 30 年代的各类报纸开始通过广告和专栏收取费用，以支持报业的发展；19 世纪 40 年代，通讯社将世界上的报纸联合起来，形成产业链。

第二层次是以广播、电视和互联网为主的产业格局。1920 年世界上第一家广播电台开播，意味着广播电台纳入传媒产业领域。1936 年英国广播公司（BBC）成立，电视成为当时传媒产业的重要发展方向。1995 年，互联网商业化完成并对公众开放，逐步形成了与互联网有关的各种传媒产业。多元化的传媒市场逐步形成。

三、我国传媒市场的形成与现状

（一）我国传媒市场的形成

1. 外商报纸的进入（19 世纪初开始）

1815 年，外国传教士在中国出版《察世俗每月统计传》，将近代报业引入中国，但传教士报纸依旧是一种宣传工具。随着西方商品进入中国市场，商业报纸应运而生，外商报纸将当时世界报业市场上先进的报业经营方式引入中国。

2. 初步探索期（20 世纪初叶到 40 年代末）

这一时期中国民营报业得以扩大。20 世纪 20 ~ 30 年代，民族资产阶级报纸如《申报》《大公报》是以商业办报为主，还有政党报《民报》。这些报纸都积极开拓发行市场和广告市场，针对不同的读者需求进行差异化定位，并在此基础上对报纸经营的途径和模式进行了探索，取得了一定的成效，由此拓展了中国的报业市场。

3. 新中国传媒市场化尝试（1949—1956 年）

从 1949 年底开始，中国报纸实行邮发合一，有了企业化经营苗头。1953 年，部分中央报纸和省级报纸开始有了部分经营性收入，《人民日报》等中央报纸和省级报纸相继扭转了亏损局面，实现了自给自足。为了缓解政府财政压力，报纸开始企业化经营，进行了传媒市场化的尝试。1954 年，为了节省资金，中宣部明确各报可以提高定价，可以经营广告，并要求降低成本，紧缩编制，适当组织剩余劳力，从事副业经营。但到了 1956 年，商业性的新闻终止，广告逐渐退出，中国的传媒市场化探索宣告停止。

4. 不完全市场化期（20 世纪 50 年代中期到 70 年代末）

1957 年开始，我国逐渐停止报纸的市场化经营。到了 20 世纪 60 年代中期，传媒划入计划经济之中，一直到 70 年代末。

5. 中国传媒市场重新开始市场化探索（20 世纪 70 年代末）

1978 年，《光明日报》《人民日报》等在北京的八家新闻单位提出“事业单位，企业化管理”模式，目的是适度自主经营，增加报纸的收入。这一建议得到财政部支持，由此传媒市场的概念再次被提出来。

1979 年 1 月 4 日，《天津日报》首次刊登了“蓝天牌牙膏”广告。恢复报纸广告经营活动，是传媒市场化进程的一个重要标志。

1979 年 1 月，上海电视台播出的“参桂养补酒”广告是我国第一支电视广告，电视台逐步开始产业化。

（二）我国传媒市场的特点

1. 市场竞争呈多样化趋势

市场竞争的多样化，一方面是介质媒体技术竞争多样化，另一方面是传媒（企业）集团之间的竞争多样化。

（1）介质媒体技术竞争多样化。

传统媒体是以一定的介质作为载体将新闻或信息传递给受众的。随着互联网技术的不断发展，互联网媒体进入千家万户，并得到社会普遍认同。互联网传播渠道多、范围广、方式多样、内容丰富，让传统媒体产生了压力。报纸因受到排版、印刷、发行的限制，时效性差，发行受时间和地域限制，加上报纸本身缺乏互动性，受众有限。而互联网媒体的互动性、开放性、及时性等优势，使得互联网媒体的受众不断增加，导致报纸读者大大流失。对报纸而言，与互联网媒体融合，走全媒体道路，以实现报纸效益的增值势在必行。

电视同样受到互联网媒体的冲击。电视传播的单一性、内容的有限性及缺少反馈使得电视媒体开始转型为互联网媒体，很多电视媒体建立了网站，加大自身的宣传，引起更多受众关注。电视媒体与互联网媒体融合，注重信息整合和发布渠道的多元化，加强互动性，增加受众的参与度。注重优势互补，将互联网媒体的交互和实时传播特点与电视融合，弥补电视受时空限制的缺陷。注重资源上的共享，将电视台强大的采编能力应用到互联网媒体中，产生巨大的增值效益。

（2）传媒集团之间竞争的多样化。

随着传媒企业之间竞争加剧，传媒企业纷纷走传媒集团化之路，通过整合各种资源形成优势，与其他媒体展开竞争。一些大型传媒集团有着得天独厚的资源和优势，形成了对传媒市场的垄断，进而控制传媒市场，导致大型传媒集团之间形成较强的竞争态势。集团之间的竞争除了在产品定价上的竞争外，还存在版面、栏目、时段的竞争，并且也存在着广告刊例、发行范围和覆盖范围的竞争。

2. 传媒市场的细分化趋势凸显

传媒市场不断成熟和完善的过程实际上是传媒市场更加细分的过程，传媒产业的布局、结构都在不断满足受众和市场的需求中形成和完善。伴随着世界经济一体化，从全球范围来看，传媒由大众化转向了小众化、分众化和个人化。随着技术的不断发展，媒体数量、信息量日益增加，受众对信息的需要也发生了巨大变化，从过去的寻找信息到现在有选择性地接收和获取信息。此外，受众需求也更加多元化，一家媒体难以满足所有受众的需求，只能把部分受众作为自己的目标受众，因而必须依据受众的差异和兴趣爱好及态度对传媒市场进行细分，产出不同的、专门化的信息去满足受众的多样化需求。同时，传媒产业之间的竞争还体现在广告市场的竞争，因而必须进行市场细分，以明确传媒自己的广告市场和广告目标受众。

3. 国家产业政策对传媒产业的引导和扶持

中国传媒产业的发展离不开国家产业政策的引导和扶持，在 1978 年几家报纸传媒产业化的初步探寻后，广电也开始了产业化的尝试。随着互联网技术的快速发展，各媒体开始与互联网联手，进一步实施传媒的产业化运作。过去以计划经济为主导的政府行政性管理慢慢放开，在部分传媒企业市场化的带动下，更多传媒企业逐步参与市场化运作中，传媒经营也有了较大突破。与此同时，国家也配套了一系列的产业引导和扶持政策，帮助中国传媒产业实现从政府到市场转化，大大提高了传媒企业的综合实力。

4. 传媒经营普遍呈现多元化发展

传媒集团业务不再局限在传统媒体，而是纷纷跨出媒体的边界与其他媒体融合，不仅进行信息的生产、加工、传播，而且实施多元化的经营。传媒集团本身也拥有多种信息传播平台/渠道，集团产权多元化和资本运营多元化产生了效益的多元化。

5. 传媒市场东西部地区发展的不平衡

当前中国传媒产业并没形成全国统一市场，尽管有跨区域传媒集团，但区域化、本土化传媒依然独霸一方。由于各区域的消费者不同，传媒集团的业务也不同，区域性经营成为常态。由于东西部地区经济发展不平衡而使得东西部地区传媒市场发展也不平衡。区域性传媒市场的存在，导致传媒的区域性品牌不可避免，如各省都有自己的报纸、电视、广播。经济发达的省传媒产业经营范围广泛，传媒产业的发展自然就好。而中西部地区经济较为落后，传媒产业经营的范围也有限，发展自然受到影响。

6. 传媒产业的政策壁垒

中国传媒产业最典型的特点就是有政策壁垒，行业准入严格。传媒行业本身既是舆论引导者又是经济创收者，这决定了传媒具备两种功能：一是党和政府的喉舌，二是产业功能。喉舌功能占主要地位，使得我国传媒产业长期受行政影响，政策壁垒森严，如报纸单位不能经营电视相关业务，私人不能创办报纸等。而产业化本质属性就是市场化运作，要有资本的投入，也要有政策的扶持。当北京几家新闻单位尝试进入传媒市场时，产业化的口子逐渐打开。随着国家产业政策不断放开，媒体也逐渐走向了市场化。

7. 传媒企业逐步走上集团化之路

中国传媒企业步入产业化时代后有了一定的竞争力。但传媒产业化向纵深发展，必须规模化。从 20 世纪 90 年代中后期开始，中国传媒纷纷走上了集团化发展道路，扩大传媒市场，增强传媒的竞争力。1996 年的《广州日报》报业集团的成立是我国报业走向集团化的标志性事件，2000 年湖南广播影视集团的成立是我国广播影视业走向集团化的标志。从此以后，传媒集团纷纷成立，先后出现了报业集团、广电集团、出版集团、发行集团、电影集团。

8. 传媒市场融合趋势彰显

融合是传媒市场的一个显著趋势。电信、互联网、电视“三网融合”，促成了电视和互联网之间声音、图像、数据信号的相互传输，步入跨媒体融合。随着互联网技术的发展，新兴媒体的不断出现，跨媒体的融合更为普及，传统媒体与新兴媒体融合以及新兴媒体与新兴媒体融合，互联网电视、互联网报纸、互联网广播、手机电视等不断出现。

（三）我国传媒市场存在的问题

1. 人才结构不合理导致复合型人才稀缺

我国媒体总数居世界前列，记者人数也居世界第一，但各媒体缺口最大的却是人才，且人才结构不合理。各类高校培养出来的主要是采、编、写的人才，媒体管理人才十分短缺。据调查，全国五千多家媒体机构中，新闻采、编、写人员达 55 万人，而懂得媒体经营管理的人则不到 1%。① 传媒产业的复合型高端人才更是十分稀缺，尤其是既懂新闻采编又懂技术还懂经营管理

① 酷米范. 传媒产业五大“瓶颈”[EB/OL].（2019-04-30）. https://www.cncoolm.com/shicijianshang/2019/ 0430/344839.html.

的人才少之又少。

2. 同质化竞争严重

随着互联网技术的发展，各类新兴媒体快速发展，给传统媒体带来了严重挑战，大量受众和广告收入纷纷流向新媒体，出现了 BAT、DTM 经营的头部传媒企业，以及新浪、网易、搜狐、雅虎等门户网站传媒企业，还有众多社交媒体。传统媒体因为同质化现象严重、传媒产品结构不合理、雷同现象普遍、区域化的媒体垄断等问题，其市场逐渐萎缩，而互联网和新媒体内容新颖、超越时空限制、全天候发布、个性化定制等优势更是逐渐蚕食传统媒体市场，瓜分整个市场。

3. 区域化经营现象严重

传统媒体是依据行政区域进行划分的，管理体制也按照行政区域进行管理，这使得媒体区域化特征显著。传媒企业所从事的经营大多也在所属行政区域内展开，其采编范围、发行范围及覆盖范围均按区域进行划分。各区域媒体为了自身利益尽量采取地方保护措施，中央媒体以及其他区域媒体跨区域进行新闻采编和经营的难度较大。各类传媒集团大多数是区域性的集团，如成都报业集团、四川广电集团等，极少有全国性的传媒集团，而能够面向世界的传媒集团付之阙如。传媒集团的经营往往执行区域性的政策，难以走向跨区域的经营。传媒市场的重复性建设及低水平发展状况，也加剧了媒体区域化发展，进而在全国造成各种矛盾和利益冲突。

4. 传媒集团没有实现有机融合

传媒集团的成立对促进传媒产业化进程起到了积极作用，但大多数传媒集团不是因市场规律形成的，而是通过行政命令建立的。政府实行“拉郎配”，大部分传媒集团只从形式上合并，导致传媒集团发展方向不明晰，战略目标不清楚。在这种情况下建立的传媒集团，其内部磨合较为困难，政出几处或者多处，集团内部优质资源没有得到充分利用。一些地方传媒集团依然独自经营，经营模式依旧沿袭过往，内部没有实现有机融合。

（四）我国传媒市场发展途径

1. 加强人才培养

传媒产业要发展必须加强人才培养，目前传媒产业市场竞争实际上是人才竞争，因而需要从人才培养机制上着手，突破过去传媒产业的行政人事制度，重新制定和规划新的人才培养机制，通过人才引进和激励机制的建立，培养出不仅熟悉采编写的新闻出版人才，而且熟悉新的传媒技术，既懂采编，还懂经营、懂管理的复合型人才。

2. 深化体制改革

传媒产业的发展必须有良好的体制作为保障，因此必须改变过去以控制和限制为主的传媒产业体制，逐步放开控制和限制，使传媒产业的内部环境按照市场规律进行经营和发展。

3. 注重技术创新，克服同质化竞争

互联网技术的发展、数字技术的广泛运用，为传媒产业克服同质化竞争提供了技术支持。传统媒体不再是单一地采、编、写、发布，而是多元化经营。传媒产业不再仅限于广告市场的竞争，而扩大到从内容生产到内容共享，从区域的广告生产、制作、发布到各媒体的交叉广告生产和传播，实现了传媒经营效率提高，经营模式由单一到多元的转变。随着大数据和人工智能的应用，机器人新闻写作出现了，减少了大量的人力。此外，媒体内容多样性和多次开发使得内容生产成本降低。由于采用个性化内容生产，同质化的内容减少，同质化状况竞争明显改善。

4. 经营方式与组织机构的调整

过去，我国传媒产业的组织人事是由主管部门任命和安排的，媒体组织机构人浮于事，人员流动很难，因此必须改变内部组织机构，加强传媒企业的内部管理，让组织机构服务于当下的传媒产业发展。必须进行市场化改革，大力发展各种新兴媒体，加强传媒集团内部管理，实施跨媒体经营，突破传媒产品的区域化、单一化，实行多元化经营。

5. 注重传媒产业的产业性质

在传媒产业化的进程中，注重传媒产业的产业性质，加大传媒产业化运行，通过运营推进传媒产业的发展。作为资本和知识密集型的传媒产业，必须通过不断探索新的资本运营模式，通过各种形式的资本运营，提高传媒企业的竞争实力。

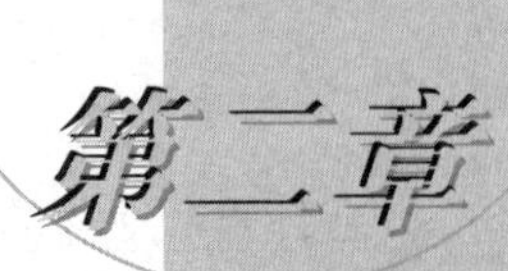

第二章 传媒市场细分与定位

传媒市场细分依据传媒市场竞争态势、受众市场的大小来进行。随着我国传媒市场逐步形成，各类媒体为了生存和发展，纷纷开拓市场，但由于市场细化不完善，定位不明确，同质化现象越来越明显和严重。为了传媒市场的良性发展，需要通过传媒市场的细分以明确自身的定位。

一、传媒市场细分及其变量

（一）传媒市场细分概述

1. 传媒市场细分界定

（1）市场细分。

市场细分是通过同种产品需求差异进行的细分，被称为 STP（Segmenting，Targeting，Positioning）战略，包括市场细分、目标市场和市场定位三个部分，是指通过市场细分后明确企业的目标市场，并通过对产品的市场定位确定其在市场中的位置。

最早提出市场细分的是美国经济学家温德尔·史密斯，他在 1956 年发表的《市场营销战略中的产品差异化与市场细分》一文对市场细分概念作了定义。购买者对商品需求、兴趣与欲望不同，购买行为亦不同，通过对购买者的差异分析，将整个市场进行细分，从而形成不同类别和属性的分市场或子市场。如饮料就可细分为热饮料和冷饮料，热饮料可分为茶水、咖啡、热巧克力等；冷饮料可分为碳酸饮料、果汁饮料、茶饮料等。而每个分市场都各有自己的购买群体。

（2）传媒市场细分。

传媒市场细分是指传媒依据人口统计指标、地理统计指标、心理统计指标、社会统计指标对不同受众群体分出不同的分市场或子市场，为明确传媒的目标和目标实现的策略提供前提和基础。没有一个传媒公司能够实现对所有受众的占有，只能以部分受众作为自己的服务对象，因而必须进行传媒市场细分，以确定其受众和广告主。

2. 传媒市场细分的原因

这是由传媒的两个“有限”与“无限”的矛盾所决定的。

（1）受众资源的有限性与传媒资源的无限性。

受众资源是传媒企业不可或缺的社会资源，是传媒能够增值的资源，是决定传媒形成强烈竞争优势的重要资源。受众的规模、构成是传媒产品生产实现其价值的前提和基础。但随着传媒市场竞争的加剧，受众开始分化，即开始分众化、小众化和个性化，他们依据个人的兴趣、爱好、态度选择传媒及传媒提供的信息和内容，因此各传媒的受众资源是有限的。但随着技术的发展，媒介形式不断发展，从传统的媒体发展到互联网媒体和社交媒体、APP终端媒体，从这个角度看，传媒资源又是无限的。

（2）受众需要的无限性与传媒资源的有限性。

受众群体因大众传媒而形成并随大众传媒和个性化传媒的发展而变化。20 世纪 80 年代以前，所谓受众，基本上是指大众传媒的受众，大众传媒的经营目的是满足大众的一般需求。随着互联网技术尤其是移动互联网技术的发展，受众出现分众和小众趋势。因此准确进行受众定位，才能为分众的、小众的市场需求提供信息产品或服务。然而，按不同人口因素、心理因素、行为因素细分的受众各有不同，从这个意义上说受众的需要又是无限的。

技术的发展使各种传媒快速发展，但传媒资源是有限的，甚至有些传媒资源还是稀缺的，不可能无限开发，如报纸栏目内容是有限的，即使加版，但受限于成本，也不会无限制加版；电视即使 24 小时不间断播放，时间也是有限的；虽然互联网克服了时空限制，但在信息过剩的情况下，传媒资源使用也是有限的。

市场的细分是站在受众立场上以市场为导向进行的，是传媒市场化运作的关键。如报业早在20世纪80年代开始试行产业经营，但真正实现传媒产业化经营是地域化，即所谓“都市化”报纸兴起，受众细分明显。地方性报业的最大优势是能够快速了解当地受众的需求和兴趣，为他们量身定制适合的栏目。如《成都商报》的“买相因”，成都本地人都知道“相因”的内涵和意思，吸引具有“买相因”需求的受众而获得较好的经济效益。

期刊业继报纸、电视后开始走向市场化，进行广告经营，并且逐步进行市场细分，依据不同受众需求和市场受众资源进行开发，从而得以快速发展，小众化趋势明显。如《读者》将短小、有趣的信息内容传递给受众，成为20世纪80~90年代大众选择的期刊之一。

随着市场竞争的加剧，广电业也对市场进行细分，通过频道专业化、节目内容专题化和对象化来争取各自的目标市场。电视台依据受众的需求和兴趣开设各种频道，如综合频道、妇女频道、旅游频道、科技频道等，各频道的节目也是依据频道设定的受众群体制作的。广播电台开始有了类型化频道，如交通台、音乐台等。广电通过市场细分进行创收，形成自己独特的经营模式。

互联网市场随着互联网技术的快速发展而异军突起，各互联网商有了自己的细分市场，明确了各自的内容定位、受众定位，对受众进行个性化内容推送而取得较好效益。目前互联网是各商家争夺的主要市场，从内容到形式再到发布，形成了独特的互联网经营模式。

综上所述，传媒市场从产生、发展到成熟是市场细分不断完善的结果，传媒产业的布局、结构也是在满足市场的各种需求中形成和建构起来的。随着传媒产业的深入发展，市场竞争的加剧，传媒产业能否在市场上站稳脚跟，获得较大的市场份额，取得较好的社会和经济效益，扩大和拓展传媒影响力，与能否通过市场细分明确自己的市场目标、确定自己的市场定位有密切关系。

3. 传媒受众“标准像”的作用

（1）针对性更强。

通过人口统计指标、地理统计指标、心理统计指标和社会统计指标，完善细分传媒受众对象，有针对性地提供传媒的内容和形式，以迎合传媒产品受众的需求。

（2）差异化显著。

对潜在受众与显在受众进行有区别的划分，找出其差异性，通过传媒内容传播和形式的针对性来吸引目标受众，而非按照统一标准和内容统一传递信息。

（3）增加传媒品牌的竞争力。

为“受众注意力资源的售卖”向广告商标示自己的传媒品牌，受众由此认识、了解、接受传媒品牌。通过受众所关注的传媒产品内容和形式，将这些受众出售给广告商，展示自己传媒的竞争力和品牌力。

4. 传媒市场细分的特征

（1）传媒市场细分向高级阶段进化。

初级阶段的传媒市场细分是将受众需求按照大类进行分类，传媒以类型化的产品适应受众。随着传媒市场竞争加剧，传媒类型增长快速，受众逐步从大众转向分众和小众甚至个性化，针对不同受众产品要求的差异化，市场细分需要向高级阶段进化。

（2）传媒市场细分步入专业化阶段。

随着传媒市场竞争加剧，受众需求的差异化细分明显，传媒需要对受众进行更细致的区分，通过类型化的产品与之对位。因此，专业化要求越来越高，传媒必须从专业化的内容、专业化的版面、专业化的频道等方面对自身重新定位，以满足不同受众的特定需要，如养生栏目就受到中、老年人的喜爱。

（3）传媒市场细分走向复杂化、多样化。

由于传媒市场的竞争，市场已不再是过去单一的市场，而日趋复杂化、多样化，这就要求多角度、全方位地分析传媒的受众群体。许多传媒越来越

关注市场调查研究，一批专业的调查公司应运而生，通过数据来锁定目标市场，制定差异化的市场策略，明确市场定位，

（二）传媒市场细分的变量

市场细分的变量是指影响目标市场的各种因素，具体如下。

1. 地理变量

地理变量是指传媒及受众所处的地理位置和空间位置。地理变量的使用依据如下：一是社会发展的非均衡策略与区域差距，二是任何一种传媒都要选择一定的区域作为自己的市场范围，三是不同地理位置的人对于新闻传媒及其产品有一定的地理接近性的要求和偏好。因此，任何一个媒体都具有地域性和本土化特征，在传媒市场上具有一定的空间位置。

2. 人口统计变量

（1）人口统计变量使用依据。

人口统计变量包括传媒受众的年龄、性别、职业、收入、受教育程度等，不同年龄、性别、职业、收入对传媒的形式和内容有不同的需求。老年人喜欢使用广播和电视媒体收看节目，年轻人喜欢使用网络和手机收看信息；男性喜欢军事类、科技类节目，女性喜欢文艺和综合类节目；大学教师喜欢收看教育类、推理类等节目，金融工作者喜欢收看财经、金融类节目等；部分受众喜欢收看有品质、有格调的节目，其他一些的受众喜欢收看实用类的节目等。

（2）人口统计变量的使用方法。

第一，年龄及生命周期细分法。不同年龄受众对不同生命周期的产品选择性和接受性不同，对传媒的选择也有所不同。

第二，性别细分法。男性与女性对产品的选择及传媒的选择有区别，如男性普遍喜欢军事和新闻节目内容，女性普遍喜欢爱情和伦理类节目。

第三，收入细分法。收入的高低决定使用传媒的差异，根据调查，收入高的受众更偏好具有哲理性和科技性的栏目和节目，收入低的受众更偏好促销和打折信息的栏目和节目。

3. 心理变量

（1）心理变量使用依据。

处在同一群体中的受众会有不同的心理构成，心理变量统计包括传媒受众的需求、兴趣、欲望及态度等。

（2）心理变量的使用方法。

第一，社会阶层细分法。这是一种传媒市场的主导细分法。我国社会阶层的分化有以下特征：一是社会阶层的职业分化明显；二是社会阶层的层次分化明显。《南方日报》以做高端报纸为目标，通过获取高端读者抢占高端市场，办成了一份区域性的政经大报，其影响力和传播力得到大大提升。《南方周末》的受众是知识分子，因而办报理念是深度报道社会问题。《南方都市报》的受众是广大普通读者，内容为市场资讯和服务。《21 世纪经济报道》针对白领阶层、决策者及财经研究者，办报理念是打造高品质的专业财经报纸。《南方农村报》是以农民和农村为受众群体，关注"三农"问题，为"三农"服务。《南方体育报》受众是热爱体育的受众，关注体育是办报的宗旨。

第二，生活方式细分法。依据不同生活方式及其特点进行细分，受众因为生活方式的不同，对媒体的选择是不一样的，因此媒体需要经过细分，找出他们的差异性，为他们量身定制传媒产品。首先，要对读者生活方式特征做比较；其次，比较阅读特征；最后，比较读者消费特征。

第三，个性细分法。随着互联网的普及，网民数量激增，人们更加注重个性化的消费，因而必须根据受众个性特征、个性化兴趣和爱好进行传媒的市场细分，从而选出目标受众，并针对性地制订个性化的传媒产品。

4. 消费行为变量

（1）购买影响。

对消费者媒介购买行为构成影响的事件因素主要有三类：第一，一些社会事件会对公众产生持续的影响，导致受众对传媒产品的信用逐步降低，如一些自媒体的不实报道和虚假报道，让关注这些自媒体的受众开始把视线转向他们认为值得依赖的媒体。第二，因盲目、非理性的消费而受到伤害，如魏则西事件[①]所造成的受众对搜索引擎的质疑。第三，不可控的自然事件所带来的连锁反应，导致受众对传媒产品的不信任。

（2）利益类型。

利益类型是依据利益的不同领域划分的。一般来说，我们将利益分为物质利益和精神利益。物质利益是以经济为基础的，精神利益是以人们的精神生活为基础的，二者都是人类历史发展的动力。除这种划分外，按照人们能获得利益需要的时间长短来分，还可分为长期利益、中期利益和短期利益。

（3）用户状况。

不同用户其年龄、性别、职业、收入不同，兴趣、爱好、态度不同，所处地理位置不同，社会阶层不同，家庭结构不同。这些状况都会导致不同的购买需求和行为。

（4）受众忠诚度。

随着传媒影响力的增加，受众会依据自己的喜好和使用频率选择传媒产品内容和信息以及广告，形成较高的忠诚度。有些受众几十年如一日地使用同一或同类传媒产品，如收看《新闻联播》，也可能偏爱纸质报纸。

（三）细分市场的有效条件

1. 可衡量性

传媒市场细分后依据其细分市场的特征让受众得以识别，并以此衡量出传媒细分市场对自己的价值，如原中央电视台第三频道“相信品牌的力量”，湖南卫视频道芒果卫视的台标。传媒依据不同性别、年龄、收入、职业和社会地位等要素确定自己的受众群体，科技频道与妇女儿童频道的受众群体是不同的。

---

① 2016 年 4 月 12 日，西安电子科技大学 21 岁学生魏则西因滑膜肉瘤病逝。他去世前在知乎网站撰写治疗经过时称，其在百度上搜索出武警某医院的生物免疫疗法，随后在该医疗机构治疗，致病情耽误。消息一出引起社会对竞价排名的质疑，引起相关部门的高度重视。

2. 可获得性

传媒市场细分后，依据传媒的影响力可以判断其市场资源条件和竞争实力，通过有目的、有针对性地选择传播渠道进行发布，将传媒产品送达目标受众。受众在方便的情况下，依据自己的兴趣、爱好选择属于自己的传媒产品。

3. 需求满足性

传媒市场细分后可依据受众的需求水平和期望水平获得受众对传媒产品的使用频率、购买能力以及受众数量数据，依据这些数据对潜在受众和显在受众进行划分，有针对性地通过传媒产品的营销满足不同受众的需求。

4. 稳定性

掌握了受众需求，就可有针对性地提供与之相适应的传媒产品和内容，使得受众能够重复消费传媒产品，从而形成稳定的受众群体。一旦受众对某一传媒产品持续地、不断地消费后形成忠诚度，传媒品牌效应就会稳定并扩大，品牌核心竞争力也将得到提升。

（四）我国传媒市场细分存在的问题

1. 微观层面上，传媒市场细分化运作进退无据

（1）市场调研的缺失。

第一，缺乏现代营销观念。一些从事传媒活动的人不了解传媒市场的构成和要素，仅凭几个人拍脑子就构建一个受众群体，而非经过严格的市场调查体系进行市场细分、受众细分等。

第二，营销体系不健全。全传媒市场的营销渠道较为单一，一般只通过自己的媒体进行发布甚至只是简单发布，较少甚至没有受众的互动和反馈，生产者难以获得及时准确的市场信息。

第三，营销有效投入不足。有学者认为，用于市场调研的费用投入应该占经营额的 1.5% ~ 3%，实际上很多传媒企业一般会在年收入达到 1500 万元以上时才会考虑进行市场调研。

（2）资源评估的失灵。

传媒市场细分必须对媒体现有的人力资源、财力资源、公共关系资源及媒体形象资源进行认真分析和评估，从而确定最优资源配置的市场细分。我国目前的传媒企业存在着严重缺陷，如产权不清、权责不明、政企不分、管理落后，传媒企业内部资源不能合理分配和利用，导致资源浪费、人浮于事、主观臆断等。

2. 宏观层面上，传媒市场细分化运作举步维艰

（1）没有进行真正市场化的传媒市场细分。

尽管媒体竞争激烈，但目前市场不完全开放，对市场潜在能量和发展规模不能进行有效估计。因此，在不完全市场条件下的传媒市场细分，大多是在不完全开放的市场下进行的。另外，传媒细分市场的目标市场条块分割，森严的行业市场壁垒和区域市场封锁常常使细分市场无效。

（2）规模经济未竟下的传媒市场细分。

尽管我国传媒企业逐步引入市场机制，传媒产业化进程加快，表面看起来传媒市场大，但大多数媒体依然处于弱势地位，仅能维持生存。即使通过兼并购买形成的传媒集团也仅是规模增大而实际上并不强大。我国传媒产业资本、资源和人才配备等的不足，加之传媒产品生产方式较为落后，不能完全满足市场需求。这种情况下，盲目进行市场细分而变相增加传媒产品价格和竞争成本，影响了传媒产品生产质量，如此形成恶性循环，必然会影响受众利益，最终影响传媒产业自身的利益。

（五）我国传媒市场细分化运作

1. 传媒市场细分化应该遵循市场化体系逐步展开

目前传媒市场尽管在进行细分以适应传媒产品的差异化竞争，但仍与原有的消费模式和市场模式对应，没有培育新的市场空间，也未找到合适的消费模式和受众群体。因而市场细分依然处于初级阶段，不够专业化、差异化。传媒市场细分应处理和调整好东西部传媒产业发展的不平衡、中央与地方媒

体的不一致、中心区域与边缘区域媒体发展不相同、体制内的主流媒体与体制外的非主流媒体发展不一致等问题，对不同发展阶段和不同定位的媒体采取不同的细分模式，促使传媒市场细分在规模和布局上的差异化。

2. 传媒市场细分与集团化经营协调发展

（1）通过规模效应实现传媒市场细分和传媒产品的差异化。

第一，以市场营销学理论为依据，使传媒市场细分更加明确和准确，为受众提供所需的各种资源。

第二，经过市场调查研究，确立差异化、个性化标准，有的放矢，开发适合受众的传媒产品。

第三，通过传媒企业管理机构的扁平化实现经营的规模化，提高传媒运营能力，增加市场竞争力。

（2）我国传媒集团内部结构较为松散，没有形成真正的合力，因而必须对传媒集团内部各种资源进行有效整合，打造传媒集团的核心竞争力，将传媒集团做强做大；通过传媒市场细分面向不同受众的需求，集中资源，实现产品多元化。

3. 充分认识传媒市场细分化运作

（1）提高传媒产品的内容质量。

我国传媒企业大多以营销为导向，没有形成规模化、集约化的生产，内容匮乏或空泛粗浅，成为市场细分的瓶颈。受众接收这样的传媒产品要么影响自己的价值判断，要么使身心不愉快。因此，必须依据有效市场细分提高传媒的内容品质，生产受众喜闻乐见的传媒内容。“内容为王”是媒体成长发展的公理和铁律。

（2）丰富传媒产品营利模式。

我国媒体的营利模式依然以广告为主，导致分众或小众传播的调入成本难以收回。因此，必须引入市场化机制，丰富传媒产品的营利模式，不仅要提高广告收入，还需要增加传媒产品其他附加值收入。

（3）健全营销体系。

细分产品定位到生产再到渠道，传媒企业实现营销体系的合理配置，加强对目标市场的准确认识和了解，扩大受众对传媒产品的认知度、美誉度和忠诚度。

综上所述，传媒企业在进行内容建设时需要以营销体系为导向，实行多元化营利模式，营销体系还需要与内容建设和多元营利模式相一致并加以完善。

二、传媒目标市场选择

传媒目标市场是指传媒企业所选择并确定的营销对象，包括传媒所提供的有效产品和受众群体。

（一）评估目标市场

传媒市场细分后，需要依据受众需求对细分市场进行评估，从而明确传媒目标市场。评估目标市场要从细分市场规模增长程度、细分市场的结构、传媒企业的目标和资源等三方面思考。

1. 细分市场的规模增长程度评估

传媒细分市场需要对市场需求规模、发展趋势进行评估，以确定细分市场规模增长程度。如扬州移动客户端经过市场调查和分析将目标客户锁定在25～49岁年龄、具有本科及以上学历、工作较为稳定工作的人群。据此明确媒体营销策略，展开差异化营销，设置各类适合这一受众群体的栏目，并通过相关营销策略，实施线上与线下营销组合，带动传媒业务的开拓和发展，最终取得较好的经济效益。

2. 分析细分市场结构

（1）竞争对手分析。

传媒市场很难进行垄断，一定会有竞争对手出现。如《封面新闻》作为

政务新媒体，面临《四川发布》《红星新闻》等媒体竞争；作为商业新媒体，受《趣头条》等媒体的竞争。由此可见，必须分析同类媒体的竞争态势及竞争状况，为自己找到一条合适的发展路径。

（2）实际或潜在的替代产品分析

在智能互联网时代，任何媒体都可能被替代甚至被兼并、收购，因而媒体必须了解与自己相关的实际或潜在的替代品有哪些，其优势和不足有哪些，以找到自己的机会点。如《成都商报》在新的政策、技术背景下，只有走媒体融合之路，进行矩阵布局，形成自己的优势，才能与同类媒体进行竞争而不至于被替代。

3. 传媒企业目标和资源分析

传媒企业进行市场细分后有其自身的优势，但当不完全符合企业的远景时得放弃这一细分市场。如果这一细分市场符合企业的长远目标，那么传媒应考量是否具有占领该市场所需要的技能和资源。除必需的力量外，企业还要有相对于竞争对手的独特资源和竞争优势。

（二）细分市场策略

1. 无差异化营销策略

无差异化营销策略是经过传媒市场细分后抓住传媒各细分市场间的共同特征，采取能够满足传媒市场大多数受众需求的营销组合，目标是打造传媒品牌。由于传媒市场处于动态变化中，各媒体之间竞争激烈，仅用一个传媒产品和品牌难以满足大部分受众需求，因而要采用无差异化营销策略以弥补各传媒产品和品牌之间的不足，借用优势传媒企业提供的节目或栏目进行创新，形成自己的传媒品牌优势。如湖南卫视推出《玫瑰之约》相亲节目后，江苏卫视推出《非诚勿扰》相亲节目，浙江卫视推出《百里挑一》相亲节目，实行同质化节目的无差异化营销战略，各自都取得了较好的收视效果。

2. 差异化营销目标策略

差异化营销目标策略是指传媒市场细分后，依据各自目标市场的不同，打造传媒产品，进行营销策划，以各个细分市场中不同受众的认同为标准。如报纸杂志化、电视频道专业化、广播类型化、互联网频道细分化都是差异化营销目标策略的结果。

3. 集中化营销策略

集中化营销策略是传媒市场细分后,选择一个或几个专门市场进行细分，然后集中传媒的所有力量来经营，从而满足受众对传媒产品的需求。这种市场覆盖策略特别适用于企业资源有限的情况，又称密集型营销策略，即传媒仅在一个或少数几个细分市场中组织经营活动，进行专业化生产、分销和促销。如 2000 年创刊的《新财经》就主要关注产业领袖的相关财经问题并进行深入报道。

4. 选择市场覆盖策略

选择市场覆盖策略的主要影响因素有以下一些。

（1）传媒企业资源。

对传媒企业而言，营销是传媒企业经营的核心，广告是营销手段中的重点，传媒策略是广告的关键。媒体受众在广告的促销和推动下接受传媒产品的影响，受众重视他人和社会的评价，从众化倾向明显，消费主体受消费环境的影响大。因此，不能过分强调目标受众细分化，品牌的传播必须借助大众媒体充分影响消费者周围的环境。

（2）产品的差异程度。

这是指传媒经过市场细分后依据受众对同类产品的区别与竞品区分开来，进行媒体产品推广。产品的差异程度决定了传媒产品对受众的影响程度。在进行媒体推广时必须针对不同市场细分的受众,有针对性地提供传媒产品，提升产品内容质量，从而增强受众对传媒产品的信赖和依赖。

（3）产品生命周期。

产品生命周期包括导入期、成长期、成熟期和衰退期，媒体产品也不例外。受众对不同生命周期的媒体产品有不同的期望，因而不能忽略媒体产品生命周期，对不同生命周期的产品要向不同受众进行相应的媒体产品推广。

（4）市场差异程度。

产品差异化是重要的竞争力，媒体产品的差异能满足潜在受众的不同需求，能够体现在传媒市场竞争力上。

（5）竞争对手的市场营销策略。

这是指通过识别竞争者再明确竞争者，进而分析其营销手段及目标，发现其营销优势和不足，在此基础上预测竞争者的相关策略。如《华西都市报》《成都商报》都会彼此关注对方的发展方向及走势，依据其营销策略适时调整自己的营销策略。

三、传媒市场定位

随着传媒产业化程度的提高，市场化运作程度的提升，传媒市场竞争日益加剧，为了自身的生存和发展，各传媒产业运用企业管理和市场营销理论及方法促进传媒的产业发展，其中定位理论即传媒产业市场策略的理论基础之一。

（一）定位理论

定位理论是20世纪70年代美国营销专家艾・里斯（Al Ries）和杰克・特劳特（Jack Trout）提出的，最初运用在广告传播策略方面[①]。其主要观点是通过市场调查掌握消费者的市场需求，在进行传播推广前，先确定产品、企业或服务的传播对象以及消费者的心理需求，明确其诉求点，按照消费者的需求投其所好，进而占领消费者的心智空间。随着市场的不断成熟以及消费者观念的变化，定位理论也不断丰富和完善。后来杰克・特劳特（Jack Trout）、史蒂夫・里夫金（Steve Rivkin）合作出版了《新定位》一书。此书没有新的突破，但更加注重研究消费者的心理，重申定位的基本前提是深入了解和把握消费者的心理，在此基础上对消费者心理进行了分析，提出了消费者的五大思考模式，明确了营销的终极目标是了解消费者的内心

① 艾・里斯，杰克・特劳特：定位[M]・邓德隆，烨强，译．北京：机械工业出版社，2019.

深处。此后，定位理论与市场细分理论一起共同构成市场营销学的基本理论，对企业市场战略进行指导，指出市场定位不仅包括产品的定位，也包括品牌的定位和形象的定位，从而在最初的定位理论基础上形成了市场定位系统。①

菲利普·科特勒（Philip kotler）和凯文·莱恩·凯勒（Kevin Lame Keller）定位理论的核心命题有三个方面：一是将消费者的心理营销看成营销的终极目标，认为定位就是占据未来潜在的消费者的心智空间。二是营销传播就是对消费者心智认知的传播，通过定位明确消费者的目标，以此进行市场区隔进而实施占领。三是广告及其他营销传播的作用就是在消费者心中形成不可复制的差异化形象，即企业进入某类细分市场，取决于在这些市场中它想取得什么样的地位。产品定位实际上就是消费者把某一种产品与竞品形成对比后所形成的对产品的认识、知觉及印象等。②

（二）传媒市场定位策略

传媒市场定位策略是指传媒自身进行定位设计时所遵循的路径和方针。传媒定位策略是传媒经过市场细分后明确自己的市场机会，依据受众的需求而探寻与竞争传媒不同的差异化策略，在此基础上采取适当的传播手段和策略，在受众心理上树立理想位置的市场策略。具体的传媒市场定位策略有以下一些。

1. 市场角色定位策略

这类策略突出的是产品或品牌对市场角色的选择与确定。③

（1）强势定位策略。

强势定位就是利用自身优势在消费者心理空间中占据一定的位置，并以此占据一定的市场份额。当然，强势定位并不一定是取得第一的定位，也不

---

① 杰克·特劳特，史蒂夫·里夫金·新定位[M]，邓德隆，烨强，译. 北京：机械工业出版社，2019.

② 菲利普·科特勒，凯文·莱恩·凯勒·营销管理[M]，何佳讯，于洪彦，牛永革，译. 北京：格致出版社，2016.

③ 杰克·特劳特，史蒂夫·里夫金·新定位[M]，邓德隆，烨强，译. 北京：机械工业出版社，2019.

一定是争取领导者的定位战略，而是通过努力让传媒品牌占据市场有利位置，具有竞争优势，并以此进行营销和广告的策略。

强势定位主要有以下几个层次：

第一的位置。这一定位是明确自己的位置高于其他跟随者几倍的市场份额的定位，更高更大。更高即确立其技术或其他优势地位，抢占消费者心目中主要的位置；更大体现在市场竞争中类别竞争十分普遍，尤其是在市场启动开始时，为了与竞争者区别开来，需要使自己品牌形成与其他品牌不同的类品牌，以此占领消费者的心智空间，进而占据独自的市场空间。

传媒的强势定位就是通过第一的、更高的和更大的位置抢占传媒的有利位置。如改版以后的央视新闻频道的口号是“第一时间、第一需要、第一现场打造中国新闻‘旗舰’”，在栏目设置上有“朝闻天下”“新闻社区”“媒体广场”“24 小时”等特色节目板块。

（2）逆向定位策略。

逆向定位策略不是与竞争对手直面竞争，而是借用竞争对手的知名度和影响力，引起目标消费者对自己品牌的关注和支持，从而在市场竞争中占有一席之地。逆向定位是差异化营销策略之一，其成功之关键在于找出最具特色的差异点来获得消费者的认同。

（3）进攻性定位策略。

针对竞争对手的对抗定位，主要有三种策略：

第一，确定强势的领导者地位。目的是寻找与竞争对手差异化的机会，而非以其为标杆模仿或者学习。第二，向目前市场领导者的弱点出击。其弱点有的明显暴露在外，有的隐藏在强势中，通过攻击弱点找到突破口。第三，尽可能地收缩战线。收缩战线是指在进攻单一产品或者在决定性的地点创造出相对优势时的战略，借用自己的财力资源、关系资源、分销渠道等优势拉回自己的强势进攻战略收缩战线，去赢得胜利。

（4）跟进定位策略。

跟进定位策略是依据传媒市场细分后明确自己的位置，通过对受众需求的了解而采取跟进竞争者的策略。这种跟进定位策略是为了避开强势领导地位品牌形成的威胁，在实施过程中要与占据了太多优势的大品牌同场角逐。

2. 实体定位策略

实体定位策略是指传媒经过市场细分后在营销传播过程中突出传媒产品的新价值，并将自己的传媒产品与同类产品的差异展示给消费者，获取更大利益。

传媒实体定位又分为功效定位、品质定位、市场定位、价格定位。功效定位是突出传媒的功效，其策略是为了增强传媒产品与同类传媒产品相比的竞争优势，突出消费者的选择性需求。品质定位是强调传媒自身所具备的优良品质，让消费者在选择传媒产品时感觉安全且放心，以增加传媒产品对消费者的吸引力。事实证明，通过传媒品质定位的确可以赢得消费者的信任。市场定位是指传媒在市场细分后将传媒定位在有利的市场位置，让消费者在选择传媒产品时明确传媒本身的市场地位，从而有信心选择传媒产品。价格定位是传媒在市场细分基础上确定传媒的价格，让消费者知晓各类传媒价格比较后的优势，从而对传媒产品做出选择。

3. 文化定位策略

文化定位策略是指产品或品牌包含有特定的文化内涵，在传播中挖掘或突出这种文化内涵。

（三）通过传媒市场定位取得竞争优势

竞争优势是指企业、产品和市场具有与竞争对手不同的特征，从而明确传媒自身的市场位置，并体现出传媒产品自身的竞争优势。

1. 识别可能的竞争优势

识别可能的竞争优势有四个方向。

（1）产品差异。

产品差异是指经过市场细分后，明确自己与他人不一样的产品，其会给公司或个体企业带来不同的收益。产品的差异化会带来收益的差异化。

（2）服务差异。

服务差异是指传媒企业经过市场细分后，从服务内容、渠道及形象方面寻找与竞争传媒不同的特点，从而通过服务的差异化策略显示自己的优势，在市场上取得有利地位。

（3）人员差异。

人员差异是指传媒企业经过市场细化后根据传媒内部员工的素质、服务的不同而形成的差异。

（4）形象差异。

形象差异指传媒企业经过市场细分后通过品牌差异和形象差异让消费者看到与竞争对手的不同。

2. 选择具有特色的竞争优势

重要性：传媒企业的竞争对手通过差异化定位可以给消费者带来不可或缺或至关重要的利益。

专有性：传媒企业针对竞争对手的差异探寻与众不同的特色策略。

优越性：优越于其他可使顾客获得同样利益的办法。

感知性：实实在在，可以为购买者所感知。

先占性：传媒企业在制定定位策略时抢占先机，形成与竞争对手的差异策略。

可支付性：受众有能力支付这一差异带来的高定价。

可盈利性：企业能够从中获利。

3. 传播并送达选定的市场定位

传媒企业通过市场细分后针对目标受众进行传播并送达，实现与消费者的双向沟通和交流，建立较好的合作共赢模式，从而实现营销传播效果的最大化。

第三章

传媒产业化

自 1978 年在京八大新闻传媒提出“事业单位企业化管理”以来，中国传媒产业经过四十多年的艰苦努力，逐步开启了传媒产业化。目前我国传媒产业化已向纵深发展，并与国际接轨，形成了具有中国特色的传媒产业化模式，并有了跨区域、跨国家的传媒集团。

一、传媒产业概述

（一）传媒产业概述

1. 产业概念及分类

（1）产业的概念。

产业是指生产具有同性质产品的生产单位所组成的生产群体，或具有同类社会经济职能的社会经济单位所组成的群体。它们是动态的，不同产业群体在社会发展的不同阶段，其结构不同，在产业群体中所占的比例也是变化的。

（2）产业的分类

产业分类是把具有不同特点的产业按照一定标准划分成各种不同类型的产业，依据行业历史发展进程可以分为农业、工业、服务业、信息产业等。随着社会生产力的提高，科学技术的发展和广泛应用，有些产业部门所占比重将会在产业群体中下降，甚至消失；有些产业部门则由于社会分工的深化而产生、发展和壮大。

2. 传媒产业概述

（1）传媒产业的概念。

传媒产业是指传媒企业以大众传播和互联网传播为工具，生产、传播以文字、图像、语言、影像、声音、符号等信息产品为主的产业，属于信息产业，是第二次世界大战以后随着信息社会的到来而逐渐形成、发展、壮大起来的新兴产业。自 20 世纪 60 年代起，随着信息科学和信息技术的高速发展，信息的生产、处理、传输（流通）和服务逐渐从其他产业中分离出来，成为一个独立的产业。传媒产业是能够给人们提供各类服务的特殊信息产业，不仅是公共产业，还是营利产业。

（2）传媒产业的结构。

媒体产业结构根据媒体发展可分为两方面：一是传统媒体产业，主要包括图书、报纸、杂志、电影、广播、电视。二是新媒体产业，主要包括互联网、手机、数字出版、动漫、游戏、电子报刊、手机报刊、数字电影、电视电影、互联网广电、数字电视、手机电视、移动电视、楼宇电视、IPTV、电子商务 视频、社交、即时通信、无线增值、在线阅读、显示屏、数据库。

根据媒体介质可以分为报刊、出版、电视、广播、电影、互联网体等。

（二）传媒产业属性

1. 传媒产业是公共产业

由于传媒的双重属性，作为以市场为考量的传媒产业具有产业属性，但传媒产业不同于其他产业，必须服务于社会公共事业，是具有政治、经济、教育、文化属性的公共产业。

（1）政治的公共产业。

第一，为党和政府服务。传媒是党和政府的喉舌，要为政治服务，要上传下达国家相关政策法规，稳定社会秩序，协调社会活动等，为党和政府服务。第二，为人民服务。传媒是人民的传媒，要为人民服务，向人民解释政府功能、监督机构的职责和角色，同时向政府反映相关民情民意和民生问题，以影响政府决策。

（2）经济的公共产业。

第一，宣传党和政府的相关经济政策。通过宣传新观念推动经济改革，进而转变人们的观点和思维，更好地推动经济的改革。第二，传播经济信息。通过传播经济信息、知识推动经济发展，通过宣传、传播、推广和实施新技术，推动经济的发展。

（3）教育的公共产业。

传媒通过传播人们关心和关注的有关生活常识、健康、历史、地理、文化等知识，提高人们的知识水平和知识技能，丰富人们的知识储备，提高人们的文化素养。

（4）文化的公共产业。

第一，弘扬传统文化。通过新闻、信息或广告，传播优秀的中国传统文化，继承优秀的传统文化价值观，并将其运用于社会的各方面，引导人们传承中国优秀的传统文化。第二，促进文化交流。通过大众传媒向世界传递中华文化，加强文化交流和传播，通过文化的传递、沟通、交流，让世界真正了解中华文化。第三，提供文化娱乐。通过大众传播向社会公众提供文化娱乐产品和活动，丰富公众的文化娱乐生活。第四，建立共同的文化传统和价值体系。传播社会主义核心价值观，并将其融入公众的社会道德行为规范之中。

2. 传媒产业是信息产业

作为信息产业的传媒产业，其生产的产品是信息，传播的也是信息，人们消费的也是信息。传媒产业在产业形态和产出形态上具有鲜明的信息产业特征。

（1）从传媒产业活动的客体分析。

传媒产业同一般信息产业一样，使用的基本材料是非物质的信息，采用的基础设施和技术设备都是信息技术产业部门提供的技术产品。传媒生产以对有用信息的采集为起点，经过整理、加工、存储、传输，或以纸质媒体的形式，或以电子媒体的形式生产出来，然后投放市场。

（2）从传媒产业就业者的文化素质分析。

传媒产业是知识、智力密集型，从业者必须具有一定的专业知识和宽知识结构，否则不能适应传媒产业发展的要求。

（3）从产品的角度分析。

传媒产业借助一定的物质载体，向社会受众生产并提供精神文化和信息产品与服务，信息高度密集，时效性强，具有一定的连续性，涵盖地域范围极广，是非信息产业部门无法进行生产的。

3. 传媒产业是营利产业

从传媒自身的角度分析，传媒组织是经营性的，以获得经营收入为目的，是一个生产知识产品的经济实体。

传媒能成为经济实体，不是由人们的主观意志决定的，而是由其经济属性决定的。随着体制改革的逐步深化，我国传媒产业在发挥喉舌功能的同时，开始注重经济效益，进行产业化。我国 1978 年以来新闻改革的一项重要成果，就是新闻传媒在发挥喉舌作用的同时，逐步显示出产业的特征，随着以党报为核心的报业兼并与联合，尤其是报业集团的出现，传媒的产业特征更加凸显。

传媒产业的营利性表现在以下几个方面。

（1）增值性。

传媒通过电波、互联网、印刷品等形式向受众传递信息，具有成本低、速度快、影响广泛的特点，使其能迅速形成规模效应和营利。

（2）营利模式

传媒产业所经营的信息产品决定其具有独特的营利模式，一是将信息转化成商品卖出，二是将受众转化成“商品”卖出，三是将买卖过程转化成增益过程。即不是通过直接出售传媒产品获取主要收益，而是尽量扩大传播受众与范围，通过搭售广告的形式营利。广告是传媒产业发展的主要支柱。

（三）传媒产业特点

传媒产业的特点是由传媒产业属性决定的，在传媒生产、传媒产品、传媒销售、传媒消费等方面具有自己的特点。

1. 传媒生产的特点

传媒生产是通过两个阶段完成的。首先，收集各类数据和材料形成传媒生产的物质条件；其次，将这些数据和材料通过传媒生产出信息，并传递给人们。可见，传媒生产就是将信息以符号的形式承载于传媒介质的过程，分为信息生产和物质生产。

（1）信息生产。

信息生产是将数据和材料收集、鉴别、整理、制作、加工、编辑成信息，以符号形式传播给人们，让人们知晓、了解、认知和接受。

（2）物质生产。

物质生产是将如声音、文字、图像、动画等通过介质实体如胶片、磁带、纸张、光盘等传递给人们，人们通过各种介质所承载的符号进行识别、鉴别、认识、了解和接受。

2. 传媒产品特点

传媒生产是信息生产和物质生产，因而传媒产品也就有符号的信息产品和具有实体的产品两种。有符号的信息产品是把数据和材料转化为信息，实体产品是把信息物化为实体传媒。可见，传媒产品是信息产品也是实体产品，是精神产品也是物质产品。

（1）信息产品。

把数据和材料转化为特定信息，即信息产品。传媒信息产品包括新闻产品。新闻产品具有不确定性，因为新闻是通过记者采、编、写而形成的，记者主客观的因素会导致新闻产品的不确定性，也正因为记者的采、编、写具有个性化，因而具有唯一性。

（2）实体产品。

把信息物化就是传媒的实体产品，是由实践主体通过劳动，将一定的材料加工改造为新的存在物，即新的信息高度密集的产品。传媒业是知识、智力密集型，从业者具有一定的专业知识和宽知识结构。

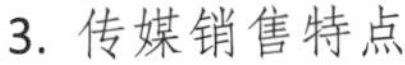

3. 传媒销售特点

传媒生产出信息产品和实体产品后，依据市场需求和受众需求销售给受众，受众通过传媒信息产品和实体产品的获得形成受众群体，广告商依据受众群体的规模将受众出售给广告主，形成二次售卖。

（1）传媒销售可衡量。

传媒产业将播出时间或版面出售给广告主，广告主依据时间段或版面大小、位置付费，因而销售结果是可以衡量的。

（2）传媒产品可售出。

传媒产业把生产出来的传媒产品通过播出、发行以及网上发布等形式卖给受众，受众以此接受与自己相关的信息和内容。受众越多二次售卖越容易，可以说受众是二次售卖的关键。

（3）传媒销售可鉴别。

不同的传媒产业依赖不同的市场和买主，因为各传媒产业的宗旨、内容、受众等不同，从而形成不同的市场，有的是娱乐类市场，如各类综艺；有的是音乐类市场，如电视的音乐频道、广播的音乐频道等。受众为传媒产品付费就是买主，如知乎的知识付费需要受众先付费才能使用其产品。传媒产业是依据广告市场和广告客户获取利益的，因而传媒产业必须把握好信息商品市场和受众，这二者是传媒产业营利的来源，也是关键。

4. 传媒消费特点

传媒产品是信息产品，主要体现在精神层面，受众消费信息内容就是接受其价值和意义。因此传媒消费是一种精神性消费，消费的动机和质量取决于受众的文化程度和审美取向。传媒产业生产的是精神文化产品，满足消费者的精神需要，消费者通过消费满足自己求知、求美、求乐的需要，从而使劳动力在更高层次上再生产出来，这就是精神产品特殊的使用价值。精神产品也要遵循价值规律，通过市场来实现自身的价值。精神产品的生产受政治、思想、道德等的制约，且涉及科技、文化等知识，以及世界观、人生观、价值观等。所以，不但要具有科学性、知识性，而且要具有正确的方向、健康的内容。

二、传媒产业化概述

（一）与传媒产业化相关概念

1. 传媒企业化

从传媒产业管理体制视角来看，传媒企业化是指传媒实行“事业单位，企业化管理”的经营管理体制，以非商业性特征在原有所有制、政治立场、编辑方针基础上进行企业式的组织管理方式运作的过程，即需要像企业那样设法使自己生存下去，并依据市场规律运行。

2. 传媒市场化

从传媒产业进入市场体系视角来看，传媒市场化就是意识形态的传媒向产业化和市场化经营转化的过程。与其他产业一样，传媒产业在市场化过程中，要遵循经济发展的一般规律，即市场规律，包括供求关系、成本利润和投入产出等，受市场经济的无形之手自发调节，以非商业性特征在原有所有制、政治立场、编辑方针基础上展开市场经营，取得经济自主的过程。

3. 传媒商业化

从传媒产业商业运营视角来看，传媒商业化是指非商业化传媒在不触动其原有的所有制、政治立场、编辑方针的前提下，以商业经营的方式从市场获取更多收益的过程，即传媒在原所有制、政治立场、编辑方针基础上向商业化传媒转变的过程。

（二）传媒产业化概念

传媒产业化是在传媒经营发展到一定阶段，具有市场化的明显特点，突破原有计划经济体制，传媒经营成为传媒发展重要力量的情况下提出的。

传媒产业化是我国由传统计划经济向社会主义市场经济转型时期出现的一个概念，是指传媒资源配置方式由政府分配向市场化转变，以市场机制取代计划机制，这一过程是中国经济体制改革的一部分。传媒产业化意味着传媒产业一步步向市场开放，传媒市场渐渐形成并得到发展。

可见，传媒产业化是指传媒产业依据传媒市场的发展而实现传媒市场化、传媒产品市场化，并且形成独特的产业化特色的过程。

三、传媒产业化进程

（一）政府控制的经济利益萌芽阶段（1978—1992 年）

1978 年提出传媒经营模式前，媒体是全民所有制事业单位，经费完全由国家财政支付，无须经营管理。

20 世纪 70 年代末，随着经济的发展，媒体自身需要扩大生产规模和人员，而财政拨款是有限的，不能满足当时传媒的发展需要。1978 年《人民日报》等多家在北京的新闻单位要求试行“事业单位，企业化管理”的经营体制，希望通过适度自主经营获得经济收入。财政部批准了他们的报告。根据当时的政策，报社属于事业单位的性质不变，但可以从事一定的经营活动，经营所得一部分可以用于增加职工收入和提高职工的福利待遇，也可以用于改善报社的办公条件和技术装备。

1979 年 1 月，《天津日报》刊登“蓝天牙膏”广告，这是中华人民共和国成立后第一则报纸广告。1979 年 1 月，上海电视台播出商品广告“参桂补酒”，这是我国电视发展史上第一条电视广告。这标志着我国报纸业及电视业开始了广告经营，走上了产业化运作的道路。

20 世纪 80 年代后，市场化进入了一个新的阶段。80 年代初期，出现了报业的第一次办报高潮和广播电视业的建台热。1984 年，党的十二届三中全会通过《关于经济体制改革的决定》，明确提出企业可以通过经营管理解决自身生存和发展问题。在此背景下，新闻传媒机构加快产业化经营业务。1985 年，首次提出了报刊自办发行。自办发行可以看作报社对报纸这种商品的营销渠道和营销方式进行的变革，是传媒向产业经营迈出的关键一步。1987 年，国家科委编制的我国信息产业投入产出表将“新闻事业”“广播电视事业”纳入了“中国信息商业化产业”中，从而初步形成了传媒的产业特性。1988 年，中华全国报纸行业经营管理协会成立。1988 年，国家新闻出版总署和工商管理总局联合发布了《关于报社、期刊社、出版社开展有偿服务和经营活动的暂行办法》，允许报社从事与业务相关的有偿服务及经营活动，推动了各新闻媒体的经营管理。媒体逐步成为独立法人，自主经营、自负盈亏，走上了市场化道路。

（二）政府认可的传媒产业化尝试时期（1992—1998 年）

1992 年，党的十四大确定了社会主义市场经济体制，传媒走向市场的愿望和面向市场的经营行为得到了充分的体现，新闻改革开始呈现整体市场化的面貌。1992 年办报热中，一个突出的特点就是“社外资本”的进入——广告公司或其他机构“包版面”“包节目”的经营方式被默认并发展起来，成为许多市场化程度高的大众传媒经营获利的一种手段。

1993 年，中共中央和国务院发布了《关于加速发展第三产业的决定》，报业正式列入第三产业，这是传媒产业化改革的转折点。大部分省级以上的报纸甚至党委和政府的机关报也纷纷走上了自筹资金、自主经营、自负盈亏、照章纳税、自我发展的企业化之路。

1994 年 10 月，《金华日报》实施股份制改革，将编辑与广告、发行实行剥离，依据现代企业制度组建新闻发展总公司。1994 年，许多机关报不仅改变了“吃皇粮”的局面，而且还成为创收大户。

20 世纪 90 年代中期，互联网的出现打破了传统媒体的界限，为从事跨媒体经营提供了可能性。1996 年 1 月，中共中央宣传部、国家新闻出版总署正式批准广州日报报业集团成立，这是中国第一家报业集团。随后，北京、上海、成都等地的传媒纷纷走上集团化道路。在广电行业，涌现出无锡、上海、湖南三种电视集团化模式。集团化、集约化经营得到了政府肯定。

（三）政府主动作为的传媒产业发展时期（1998 年至今）

1999 年，《成都商报》以其控股的成都博瑞投资有限责任公司，收购上市公司四川电器大股东的大部分股份后借壳上市，实现了报业资本经营的边缘突破。报业的资本经营给报业的快速扩张提供了强大的资本后盾，使其规模不断扩大，实现规模经济，增强了报业的竞争力。

2001 年 12 月 6 日，经党中央、国务院批准，我国最大的新闻传媒集团——中国广播影视集团成立，集团由中央电视台、中央人民广播电台、中国国际广播电台、中国电影公司中广影视传输网络有限责任公司、中国广播电视互联网站六家国内重量级电子传媒组成。进入 21 世纪，我国传媒产业的融资政策进一步放开，2001 年发布了《中央宣传部、国家广电总局、新闻出版总署关于深化新闻出版广播影视业改革的若干意见》，国家第一次承认了新闻媒体有条件引入业外资本的合法性，对比较敏感的传媒产业融资、媒体与外资合作、跨媒体发展等问题都作了具体规定。2002 年，国家广播电视总局发布《赴国外租买频道和设台管理暂行规定》以及有关数字电视的发展计划和标准等。2003 年，中共中央办公厅 21 号文件提出全面深化文化产业体制改革。随后国家新闻出版总署下发《新闻出版体制改革试点工作实施方案》等文件，标志着中国传媒产业政策改革步入一个新的阶段。新闻出版总署和国家广播电影电视总局颁布了不少与传媒产业相关的行政法规、部门规章和规范性文件。2003 年，新闻出版总署发布《出版物市场管理规定》《外商投资图书、报纸、期刊分销企业管理办法》等。2004 年，广播电影电视总局和商务部出台了《中外合资、合作广播电视节目制作经营企业管理暂行规定》。2005 年，传媒产业开始关注数字新媒体。数字电视、地面数字电视固定接收和移动接收、广播媒体的 DAB 和 DMB 实践、IP 电视、直播卫星电视、数字移动多媒体广播等数字新媒体形式变革，引发产业政策、布局以及运行机制和商业模式的变革，形成数字新媒体发展模式。2008 年 2 月，由《光明日报》社和《经济日报》社联合举办的“首届全国文化企业 30 强”推荐活动，以展示我国文化体制改革和文化产业发展的成果为主题，意味着文化产业发展及传媒产业发展进入成熟发展阶段。

四、传媒产业化原因

(一)传媒内部发展促使传媒产业化

传媒内部经济利益功效逐步加强,促进传媒开始思考与市场相关的问题。传媒发展需要经济创收,以弥补财政拨款之不足。

1. 传媒经营与发展需要有资金投入

传媒经营与发展离不开与受众、广告相关联的二次售卖。传媒本身就是高投入、高风险、高产出产业,媒体要发展需要资金和政策的支持,否则传媒企业本身是难以承受的。固定资产、流动资金、人员开支、折旧费用等同样需要政府财政支持。另外,报纸的采编、印刷也需要财政补贴。随着报纸数量增多,财政难以支持其需要,更不用说为其提供发展资金了。20 世纪 80 年代,报纸经营收入逐渐超过了国家财政拨款。到了 20 世纪 90 年代,传媒经营已经成为媒体发展的重要拉力。

2. 传媒的规模发展需要市场拉力

传媒走向市场而获取利润成为传媒的两大目标之一,“事业单位企业化管理”模式为传媒走向市场提供了前提。于是,我国传媒纷纷走向商业化、市场化之路,同时也有了产业化需求。传媒经营一开始仅为辅助性创收,随着媒体规模增长而财政难以支撑其发展时,规模化发展成为传媒的发展动力。

广告是传媒经营的主要方式,也是传媒资金的主要来源。传媒发展到一定阶段,开始关注广告经营的空间问题。一方面,广告经营空间决定了传媒发展走向,但上升空间究竟有多大是传媒企业需要思考的问题;另一方面,广告经营除了支撑传媒日常运转之外,支撑传媒日常开支和正常运转的能力有多大、时间多久也是需要思考的问题。从现实来看,广告经营空间是有限的,难以支撑传媒企业的长远发展。面对互联网资源、受众资源空间巨大且能够支持其持续发展的情况,传媒出现了规模化需求,而仅依赖广告经营收入是难以解决传媒规模化扩张的资金问题、资源问题、市场问题等,只有通过大量社会资本的介入以及跨媒体之间的合作才有条件实现。

（二）国际化和数字化促使传媒产业化

1. 国际化影响传媒产业化

从1979年至20世纪80年代，我国传媒的经营一直充当一种补充角色，作为创收手段，弥补财政拨款的不足。到了20世纪90年代，行政力量对传媒的控制逐渐缩小，但是资本还是不能进入传媒的主体。因此，传媒必然要在两者之间寻求一种平衡。随着国际化程度加深，传媒面临着如何应对国际化浪潮的挑战。传媒也需要对外开放，但与意识形态相关的采、编、写是不会对外开放的，只能在发行和广告经营方面对外部分开放。但如何开放、开放的程度多大也是传媒产业化进程中必须注意的问题。国际化所带来的传媒环境的变化，影响了我国传媒对外开放和传媒产业化的发展。

2. 数字化促进传媒产业化

传媒发展需要技术支持以促进生产效率提高，而传媒经营的关键是追求效率。技术的提高会扩大经营空间，从而吸引更多的社会资源，随着数字技术的提升，传媒经营效率也得以提升。20世纪90年代，新的数字技术对传媒企业的人员、资源、经营模式、组织结构等产生了巨大影响。同时，数字化也要求宽松的内部政策和外部环境。

随着互联网技术的发展，传媒企业开始探索媒体融合之路，即传统媒体与新兴媒体融合，传媒经营得以快速发展，市场化、产业化趋势更为突出。

综上所述，在国际化和数字化的双重推动下，传媒市场得以开放；竞争对手的进入、数字技术的应用，推动了传媒产业化，促进了传媒产业的发展。

五、传媒产业化存在的问题

（一）传媒管理困境制约了传媒产业化发展

我国传媒从国家财政拨款向产业化过渡经历了较长时间，产业化的格局逐步形成，管理制度也逐步改革和完善，但单一的传媒管理制度依然制约着传媒产业的顺利发展。

1. 管理体制阻碍传媒产业化发展

传媒业不同于一般产业之处是其产品的文化精神属性，其产品高度可复制性造成了其商品市场的复杂性，其深远的社会影响力让传媒产品又兼具社会性，两者的共存使得传媒在获取商业利益的同时也承担着社会责任。所以，对于传媒来说，发展方向的确受政府与传媒产业之间利益博弈的影响。[①]由于传媒本身的双重属性，长期以来对传媒的定位不清，加之改革的渐进性，使得我国政府在一段时期内对传媒实行双轨制，一方面用行政干预手段管理传媒产业，让传媒继续发挥舆论监督和舆论导向的功能；另一方面又将传媒市场化，让其自主经营、自负盈亏，通过市场机制的调节来推动传媒产业化发展。传媒重社会效益而轻经济效益由来已久。1978 年，我国传媒开始实行“事业单位企业化管理”，产业化起步，传媒收入大幅增长。2001 年之后，我国传媒依托行政之手，基本完成集团化发展，先后组建了 38 家省级以上报业集团和 19 家广电集团。2003 年文化体制改革试点，21 家新闻出版企事业单位参与其中。单一的管理体制导致“条块分割”“分头管理”。所谓条块，从“条”的方面来说，就是按照国家的行政系统组织来进行，强调纵向的“归口管理”；从“块”的方面来说，就是强调各级地方党委和政府的属地管理。“分头管理”是指不同的传媒由多个相互关联或者不同的部门管制。现在对传媒进行管理的部门就有中宣部、新闻出版广电总局、文旅部等。每一个部门各管一方，沟通协调难度相当大。这些都不同程度地制约了传媒产业化发展。

2. 传媒特殊性有碍传媒产业化

传媒的特殊性体现在传媒具有党和政府的喉舌功能和公共服务功能以及商业服务功能，扮演着社会的、经济的、文化的多元角色。这一特殊性引发双重矛盾，进而阻碍传媒产业化发展。

---

① 康燕．中国传媒产业发展方向与策略选择——基于产业经济学的视角[D]．上海复旦大学，2010.

（1）事业和产业的矛盾。

传媒双重属性，即事业属性和产业属性。当两种属性合在一起时，一方面形成了传媒的垄断经营，另一方面相互制约，过分关注社会效益就会轻视经济效益，过分关注经济效益又出现不利于传媒健康发展的问题，二者总是处在矛盾之中。

（2）规模与空间的矛盾。

传媒发展到一定时期会出现扩大生存空间的要求，也即扩大规模和空间的要求，但传媒的双重属性使得传媒很难按照市场规律扩张规模，并且各级传媒组织按照国家规定部署难免导致传媒行业的同质化现象严重，使得行业过度集中。而传媒发展需要规模化的同时需要有发展空间。由此可见，规模与空间始终处于矛盾之中。

（二）产权不清制约传媒产业化

传媒由单一体制导致传媒产权不清，产权主体没有明确界定。传媒产业由国有企业主导，传媒组织本身既没有所有权，也没有支配权和使用权，我国传媒兼具事业属性和企业属性。部分传媒以公司改制形式成为独立企业法人，但数量非常有限，大部分传媒依然是部分剥离转制的改革，只将广告经营和印刷业务剥离出来成立公司，以事业属性和企业属性的双重属性而存在的传媒不具备独立的法人资格，也不能成为独立的法人企业。因而，传媒企业很难做到产权清晰，以至于难以通过资本运营进行资源的优化配置和机构的重组，这致使传媒企业很难做大做强。除此之外，产权不明使得传媒所有者和经营者之间的责、权、利不清晰，传媒的主体也不明确，传媒企业很难成为真正的市场主体。

（三）传媒过度商业化影响传媒产业化发展

有些传媒为了加快产业化进程而过度商业化，传媒的权威性和影响力受到严重影响，阻碍了传媒产业化发展进程。

1. 广告挑战新闻

一些作为市场主体的传媒企业在利益的驱动、市场的诱导下，片面追求经济效益，忽视社会效益；或降低精神文化水准，忽视严肃深刻的内容提供，忽略贫困、弱势人群，迁就、迎合层次低、数量大的受众，重轰动性、刺激性、娱乐性、煽情性，趋于媚俗和哗众取宠，或搞有偿新闻、广告新闻甚至剽窃盗版，进行不正当竞争。广告是媒体的主要财务收入来源，如果没有广告，媒体难以正常运作。因而各媒体十分重视广告，乃至出现了媒体间的广告战。为了避免受众对广告的抗拒，媒体把广告做成新闻形式，受众难以辨认是新闻还是广告，从而误导受众的认识和理解。为了扩大广告收入，增加版面和延长节目时间，出现了广告泛滥的局面，引起受众反感。有些媒体为了迎合受众的需求，播放“三俗”广告、虚假广告，不仅损害了媒体的公信力和权威性，而且损害了受众的身心健康。

2. 浅显挑战深度

部分传媒企业为了迎合受众，获取更多、更大的传媒市场，把浅显的内容和信息传递给受众，使他们的思想难以得到升华。部分传媒企业在产业化背景下，更加追求传媒产业的经营效益，他们从自身利益出发，往往对能引起受众关注和喜欢的热点新闻和信息进行报道，导致当下的年轻人更热衷于浅显的信息和内容，喜欢短、平、快地阅读和观看，吸收碎片化内容，不从深层次上去认识和理解社会问题、经济问题和文化问题，认识肤浅。

随着传媒产业化进程的加快，传媒从业者的职业道德出现下滑趋势，影响传媒产业化发展进程。有的媒体记者在没有进行深入采访和调查情况下，仅凭听取一些小道消息或不实消息而发布新闻，导致虚假新闻和不真实新闻现象时有发生。有些媒体的新闻记者职业道德素养很差，甚至向被报道的单位索要费用，严重影响了媒体本身的权威性和公信力。

（四）法律体系不健全导致传媒管理无法可依

长期以来，法律体系不健全，制度安排在现实中不能有效实施，使传媒行业改革出现变形甚至失控。或者“显规则”和“潜规则”交叉运行，使整个体制改革的作用在执行过程中被逐渐消解。国家为传媒产业制度设计支付了大量成本，但是部分现实的执行者和既得利益者却用大量“特殊化”行为，部分消解甚至背离应实现的制度作用和制度目标，导致产业发展倒退。我国传媒是党和政府的喉舌，担负着传递信息、引导舆论、整合社会等功能。传媒应该努力为国家和人民服务，为建设社会主义国家服务。如果我们的传媒不能够正确处理好商业运营和事业属性的关系，过度产业化，那么势必影响传媒的公信力，势必影响传媒在政治经济文化和社会等各个方面发挥积极功能。

（五）综合性人才培养欠缺延缓传媒产业化发展进程

近年来，各大院校纷纷开设或扩招传媒相关专业，不少学校不考虑软硬件力量就盲目上马，不但不能缓解传媒人才的稀缺，反而给学生和学校带来了不必要的损失。即使在力量雄厚的院校，传媒人才培养亦较薄弱，部分国内高校新闻学院的学术科研力量在全国名列前茅，但其核心教学力量仍集中于新闻学尤其是传统的报业新闻学，相比起来，传媒经济专业的教学力量非常单薄。加之相关课程比较缺乏，内容比较陈旧、实践机会比较少等，导致学校与业界的结合不够紧密，培养的人才与业界需要的人才错位。这些问题都使传媒人才的稀缺问题难以解决。国内传媒人才市场远未充分开发，传媒人才的培养方式还有待完善。以经营管理人才来说，仅仅靠学校教学是不够的，还需要传媒企业的支持和帮助，让学生在实践中得到锻炼和熏陶。传媒经营不仅仅是理论问题，更是实践问题，学校教育是基础，更重要的是实践的锤炼。传媒产业相关人才的培养应用严重滞后必然会影响传媒产业化进程。因此，传媒产业人才的培养，要注重其内容生产的技能，经营管理方面的实际工作经验，专业的新闻理念和道德操守的养成。

六、传媒产业化的发展对策

（一）转变观念实行科学的传媒产业管理

随着传媒产业化进程的加快，要推进我国传媒产业的发展，增强在国际传媒市场的竞争力，必须进行思维观念的转变和管理模式的改革，力争在世界经济一体化市场大格局中获得更大、更优的生存和发展空间。我国传媒资源的配置不合理，竞争不平等，传媒产业化规模有限，难以做大做强，因而需要建立符合市场规律的运营机制和创新模式。必须提高传媒经营者、决策者对传媒产业的属性、特点及功能的认识和理解，制定科学的经营管理策略和模式，加快传媒向现代化、产业化转变。随着文化体制改革的深入，我国传媒体制改革也在不断推进。要促进传媒产业的发展，传媒必须从事业单位向企业体制进行转变，成为市场主体。

（二）理顺产权关系，实现传媒市场化

为了适应发展需要，政府传媒管理观念要转变，即从“办传媒产业”向“管传媒产业”转变。实施体制改革，打造传媒的市场主体，构建传媒产业发展的基础。而传媒改革的难度很大程度上来自于事业单位的内部。因此，要按照政企分开、政事分开的原则，实施公司制改造，完善法人治理结构，建立产权清晰、权责明确、政企分开、管理科学的现代企业制度。深化企业内部改革，建立科学高效的决策管理机制。政府的主要职责是对传媒产品的生产、流通进行规划、引导和监督，鼓励和引导多种经济成分投入公共传媒建设和传媒产业，逐步放松行业进入限制，不断扩大传媒市场的开放程度，培育市场，维护公开、公平、公 正的传媒市场秩序。放松对传媒生产资源、经营性资源配置的严格控制，让企业更多地依据市场需求的信息，组织传媒产品的生产和传媒服务的提供。打破阻碍传媒资源整合的行政壁垒，推动传媒资源跨地区、跨行业、跨所有制流动和重组，使资源配置不断优化。我国传统媒体经营收入主要来自广告，以致传媒在经营过程中太过依赖广告，从而限制了传媒发展的资本积累和传媒产业价值

的保值和增值。因此，探寻适合我国传媒产业运营的科学的经营思路，进行传媒形态的整合十分必要。

（三）加强媒体自律，提高受众的传媒素养

传媒的事业属性关注社会效益，传媒的产业属性关注经济效益。随着传媒产业化进程加快，要在二者找到最佳平衡点，树立传媒的公信力，必须把事业化与产业化结合起来，即媒体在关注社会效益的同时关注经济效益，重视媒体发展的长久利益的同时拥有长久的受众群体，提高媒体的社会影响力和公信力。必须注意从内部加强自律，在增加经济效益的同时把社会效益放在首位。归根结底，传媒产业化检验的是传媒企业能否生产出受消费者欢迎的产品。因此，受众的需求对传媒产业发展有至关重要的影响。随着改革开放的深入，我国经济快速发展，人民生活水平提高，受众对传媒产品量的需求增加，质的需求提高，更加追求个体精神享受。在这种情况下，传媒素养的提高尤为重要。传媒素养是指人们如何认识传媒和利用传媒的能力，包括传播者的传媒素养和受众的传媒素养两方面。提高公民的传媒素养就是培养受众对传媒具备良好的批判能力，通过传媒素养的提升，让公民和受众更好地认识媒体、了解媒体，并通过媒体的影响力和公信力理解媒体，形成媒体与受众的良性互动和沟通交流。

（四）建立健全传媒产业法律保障体系，促进产业化健康有序发展

我国传媒产业立法涉及文化基本法、专门法、行政法规和地方法规等层面，一个科学合理、层次分明、配套完善，以保障公民基本文化权利、文化生活参与权、公共文化消费权、文化创造权和文化成果保护权等为主线的中国特色社会主义文化法规体系已经基本形成。为了给传媒产业的发展提供一个有序、健康的宏观环境，要根据传媒产业发展的要求，加强立法工作，尽早制定专门针对传媒产业发展的系列法律法规，通过法律来规范传媒市场，重塑文化市场秩序。同时取消或修订那些不利于传媒产业发展的法规制度，形成适应和有利于我国传媒产业发展的法治氛围。严格执

法、依法行政。要强化版权意识，加强对知识产权的保护，对盗版、伪造、假冒等侵犯知识产权的行为依法惩处。传媒产业改革是一个渐进的过程，要在遵从市场规律的同时，不断健全法律法规，创建一个有利于我国传媒产业运行的环境，良好的市场运行环境，有利于我国参与国际传媒产业的竞争，从而促进我国传媒产业管理水平的提高。

（五）构建科学的人力资源机制，推动传媒产业发展

建立传媒产业核心竞争力的根本在于对智力资源的占有，而人才是智力资源的载体，是传媒产业最宝贵的资源。同时，传媒生产过程中知识劳动的重要性比一般产业要大得多，知识劳动是传媒生产中最重要的生产要素。所以传媒产业必须建立一整套科学的选人、用人机制，包括人才获取、培养、使用和激励制度，为人才成长创造一个良好环境。笔者认为可以从以下三个方面进行传媒人力资源管理体系的设计。

1. 严格的人才选拔机制

人才选拔必须要有严格的标准，但要避免管理形式的僵化和教条。只有严格的选拔机制才能保证从业者质量。从我国目前传媒企业的人才选拔来看，在公开的劳动市场招聘来的员工比重越来越大，传媒劳动力市场基本处于供大于求的状态。这为严格人才选拔机制的实施提供了条件。这种“严格”并非用人的条条框框，而是正确的用人原则，注重人员综合素质和发展潜力的考察。

2. 灵活的人才使用机制

在使用人才的时候必须要灵活机动，传媒产业要求劳动者必须具备较高的专业素质，有一定的创造性和洞察力，这就要求在进行岗位设计时提供相对宽松的外部环境。同时，全面推行“公开、公正、公平”的人事管理制度和“人员能进能出、职务能高能低、干部能上能下”的动态用人模式，建立与市场经济相适应的人才招聘、考核、激励机制，将人事管理与考核纳入正规化、科学化的轨道，营造有利于优秀人才成长的内部环境。

3. 自主的人才培训机制

知识型劳动者往往具有较高的综合素质和较强的自我学习能力，对自我发展的需求也更加强烈，对自我能力提升往往具有个性化的需求。所以，对传媒人才的培训不能限定在工作技能的层面上，人才培训机制应以激发员工的创意为主要目标，以自我培训和自我学习为主，营造良好的学习氛围。

第四章

传媒资本运营

随着改革开放的深入，传媒资本运营已成为一种必然趋势。1999 年我国加入 WTO 后，传媒资本运营有了良好的政策、法律、环境、资本的支持，传媒行业在自身整合后形成了良性发展态势。

一、资本运营概述

（一）资本概述

1. 资本的定义

按照马克思主义政治经济学的观点，资本是一种可以给资本家带来剩余价值的价值，在资本主义生产关系中是一个特定的政治经济范畴，体现的是资本家对工人的剥削关系。

资本本身是产业发展的资源，也是经济发展的资源，能在运动中实现增值。广义的资本是指进行再生产过程所投入的资本，包括有形、无形、人力、金融等。狭义的资本是指可以实现增值的具有实物形态的生产资料，如生产设备、厂房等。

2. 资本的特点

（1）增值性。

资本可以在生产过程的流通与流动中实现增值，并且产生一定的剩余价值。资本可以分为制度或社会生产关系资本，它的提升或增值由社会、政治、思想等变革来实现。

（2）竞争性。

资本的增值产生于资本与资本之间的竞争，这一竞争不仅体现在不同的生产者之间的竞争，而且体现在资本利润获取的竞争。资本竞争的目的是追求超额利润，因此要寻求最佳的投资场所。竞争的结果是社会平均利润率的形成、资本实现增值等。

（3）运动性。

资本在动态环境中实现增值，资本无限循环与周转使其得到增值，并且资本的对外转移、流动也产生增值。资本不断地从流通领域进入生产领域，再由生产领域进入流通领域，资本这种不间断的运动是资本取得价值增值的必要前提和条件。一旦停止运动，资本就不能增值。

3. 资本的类型

（1）固定资本与流动资本。

固定资本是指以厂房、机器、设备和工具等劳动资料的形式存在的生产资本，在生产过程中，它的物质形态全部参加生产过程。在生产过程中，它会受到磨损。流动资本是用于购买原料、燃料、辅助材料等劳动对象和用于购买劳动力的那部分生产资本，在生产过程中一次性投入生产，其价值随着商品的出售一次性收回。

（2）不变资本与可变资本。

不变资本是指用于购买生产资料的那部分资本，其价值在生产过程中被转移到新产品中去，转移本身不改变自己的价值量，只是相应价值的载体发生了变化。可变资本是指用于购买劳动力的那部分资本，其价值可以在生产过程中通过工人的劳动再生产出大于它自身的价值而发生增值。

（二）资本运营

1. 资本运营的定义

资本运营是指以利润最大化和资本增值为目的，以价值管理为特征，将企业的各类资本，不断地与其他企业、部门的资本进行流动与重组，实现生产要素的优化配置和产业结构的动态重组，以达到本企业自有资本不断增加这一最终目的的运作行为。[①]良好的资本运营是一种成效明显的经营手段，传媒通过对资本的运筹、策划和管理，以取得传媒资本增值的最大化，即通过投资、融资、资产重组或产权交易等手段或方法，实现资本的最优化配置与最大化利用，从而获得最大化利润。简而言之，就是通过融资进行投资达到资本增值。

2. 资本运营的特点

（1）保值增值。

传媒资本在经济活动中通过资本投放产出进行运营，能够实现资本的保值和增值，这也是资本运营的目的。

（2）流动性。

传媒资本运营的流动性是指资金的向外移动。它不是固定的，而是流动的。

（3）开放性。

传媒资本运营的开放性是指资本的运营没有地域、行业、部门以及产业的限制，可以通过兼并、收购等手段实现资源整合和优化配置，从而达到资本增值的目的。

二、传媒资本运营概述

（一）传媒资本运营的定义

传媒资本运营是指传媒企业将其所拥有的可经营资本通过兼并、重组、控股、转让、租赁等方式进行运作，在更大范围内和更高层次上实现传媒资源的优化配置。传媒资本支撑着传媒经营。具体而言，传媒的资本运营就是把传媒所拥有的可经营性资产，包括新闻内容、广告、发行、印刷、节目制作、出版、信息服务等产业，通过流动、兼并、重组、控股、参股、交易、转让等途径进行优化配置，扩张资本规模，实现最大限度增值的一种经营管理方式，也是传媒在市场经济的条件下，获取资金、资源以求得自身保全及发展的活动。[②]

① 刘海贵．中国报业发展战略[M]．上海：上海人民出版社，2005.

② 钱晓文．当代传媒经营管理[M]．广州：中山大学出版社，2008.

（二）传媒资本运营的必要性

传媒资本运营是传媒产业化发展的必然。任何现代工业的发展都必须建立在工业技术、工业资本和工业组织三要素基础之上。我国传媒的双重属性导致传媒产业各要素发展不足，并且各要素间的互补关系不突出。资本运营的基本功能是融资、资源配置和制度配置，这些从产业资本和产业组织等方面为传媒产业化提供了强有力的支撑。因此，无论是从传媒的产业性质还是资本的增值性质来看，传媒资本运营将都成为我国传媒产业乃至整个文化产业蓬勃发展的必然。

1. 我国传媒产业做大做强需要资本运营

（1）解决传媒企业发展的资金不足。

传媒企业也是资本密集型行业，需要大量的资金投入。随着市场化改革的深入，政府对传媒的财政补贴逐渐减少，传媒企业必须自负盈亏、自我发展，而激烈的竞争迫使传媒企业不断加大投入，使其普遍面临着发展资金不足的困难。资本运营可以为传媒企业在短期内筹集到其发展所需要的大量资金，形成灵活机动、可供长期投资使用的资本，以供传媒企业迅速发展之需。资本的再投资使资金逐步流向效益好、有较好发展前景的传媒，客观上也促成全社会合理的资源配置。①

（2）推动传媒转换机制。

资本运营要以传媒企业转换机制，建立完善的现代企业制度为前提。传媒企业进入资本市场的最终目的，是要借用传媒外部的资本盘活传媒内部资金，进而引入现代企业运作方式与机制，提升竞争力。资本运营将促进传媒企业内部运行机制的改革，加强企业化管理，实现集约化经营，从而建立起完善的监督机制、财务机制，促进传媒企业真正建立相对完备的公司治理结构，实现采编部门与经营部门、采编人员与经营人员分开，杜绝新闻宣传和经营管理中的腐败行为，防止国有资产流失。

① 余丽丽，吴飞．大众传媒经济学：理论与实务[M]．上海：上海交通大学出版社，2008.

（3）增值传媒整体资产。

资本运营可以盘活传媒企业的可经营性资产，激活传媒企业的无形资产，发挥传媒企业的品牌优势，使传媒企业整体资产增值。通过资本运营，能够将传媒集团创造利润的主营业务同非主营业务的资产有效结合起来，盘活不良资产，从整体上提升集团资产的运作效率。资本运营也可以把传媒集团重要的无形资产变成有形的资源，使传媒集团的“金字招牌”发挥应有的效用。①

（4）增加抗风险能力。

传媒企业通过资本运营可以大大提高抗风险能力。并购是传媒企业所面临的主要生存威胁，来自资本的并购威胁已经远远超过产品市场上的竞争威胁。大型传媒集团最终能否发展成为中国传媒产业的“王者”，资本实力和资本运作能力的强弱是关键。目前，我国众多传媒集团的产业结构单一，收入来源过于依赖广告。传媒企业利用资本运营手段可以促进内容结构调整，形成以传媒产业为主的多元营利模式，提高传媒企业的抗风险能力和竞争力，有助于克服传媒产业结构单一、经营空间狭小、收入来源过于集中的缺陷。②

2. 全球化传媒产业竞争激烈催化资本运营

（1）全球化竞争加剧。

一些发达国家的传媒企业经过几十年的发展，成为市场规模巨大、利润回报丰厚的企业，其国内的市场现已趋饱和阶段，传媒巨鳄必然会在全球范围内为其资本寻求新的增长点。面对西方发达国家和世界媒体巨头的舆论霸权和文化渗透，我国传媒企业显得非常弱小。传媒企业要在短时间内做大做强，需要大量资本的投入。对传媒企业来说，资本运营也是适应经济全球化和国际舆论斗争、文化竞争的需要。

（2）国际传媒资本运营经验。

传媒企业就其本质而言，是高科技、高技能的知识密集型产业，传媒企业的持续发展需要充足的人力、物力以及财力为支撑。世界传媒巨头的形成

① 周蔚华．出版产业研究[M]．北京：中国人民大学出版社，2005.

② 杨海军、王成文．传媒经济学[M]．郑州：河南大学出版社，2008.

和迅速扩张主要是通过股票市场的资本运营进行的。国际传媒企业采用多层次、全方位的发展模式，通过资本运营以参股、收购、兼并及其他形式，逐步形成综合性传媒集团，来应对激烈竞争并快速发展。国际传媒产业的发展路径对我国传媒产业发展具有一定的启示作用，利用技术发展所带来的传媒产业发展机遇，加快资本市场的运作，增强自身实力，无疑是我国传媒产业发展的必然选择。

（三）我国传媒资本运营的发展历程

从资本运营的角度来看，我国传媒产业的发展经历了四个阶段。

1. 尝试阶段

中华人民共和国成立以后，财政支出困难，1949 年 12 月全国第一次报纸经理会议提出了报纸实行企业化经营方针，要求“条件好的公营报纸争取自给”“多登有益广告”。1950 年，中宣部发布《关于报纸实行企业化经营情况通报》，指出报纸的“企业化经营方针是完全正确的，可以实现的”。中华人民共和国成立初期，关于媒体企业化经营的这些尝试虽然存在着诸多问题，但在一定程度上缓解了当时紧张的财政状况。1957 年，由于历史原因，上述经营方针被取消。1978 年 12 月党的十一届三中全会提出以经济建设为中心，广告业在这样的政策环境下逐渐恢复。1979 年 11 月，中共中央宣传部发布《关于报刊、广播、电视台刊登和播放外国商品广告的通知》，对传媒经营的思想解放起到了积极的作用。与此同时，《人民日报》等八家在京全国性报社，率先实行“事业单位、企业化管理”的双轨制经营体制，开创了中国传媒产业发展新时代。1979 年 1 月 4 日，《天津日报》刊登了天津牙膏厂的一条广告。这是改革开放后报纸最早刊登的广告。1979 年 3 月 15 日，《文汇报》刊登了瑞士雷达表广告，这是我国报界刊发的第一条外商广告。报社的这些商业活动，也得到了中共中央宣传部的肯定，自此传媒的经营性重新得到认可，广告经营在全国报界得到推广，但此时行业对传媒资本价值的认知还是非常狭隘，发展也极为有限。

2. 多种经营阶段

20 世纪 80 年代后期，我国传媒产业开始搞多种经营，发展第三产业。1985 年，国家把广播电视收入列入第三产业统计；1988 年，国家新闻出版总署与国家工商行政管理局联合发布了《关于报社、期刊社、出版社开展有偿服务和经营活动的暂行办法》,这是我国第一次独立的企业和公司经营传媒广告和印刷。允许媒体进行多种经营，逐年减少财政拨款，最后在传媒产业实行独立法人负责制，传媒在经济上开始独立自主、自负盈亏。

3. 传媒集团化经营阶段

20 世纪 90 年代中期，一些大的媒体在积蓄了大量有形资本与无形资本之后，迈出扩张步伐。1993 年，安徽《轻工导报》与武汉长江文化传播中心的合作,《四川体育报》与成都国泰琴行合资，但均以失败而告终，说明传媒与资本的结合道路并不平坦。同年，美国时代华纳集团来我国进行传媒投资调查，得出“合法性条件不具备”的结论。随着我国改革开放的推进和国际经济环境的变化，传媒与资本的关系日益密切。1994 年中共中央宣传部新闻调研小组的调查报告显示，广东已有 30 余家报纸或明或暗与企业有合作关系；国家新闻出版署在杭州组织了全国首次报业集团问题研讨会，正式提出组建以党报为中心的报业集团战略。1996 年，中宣部批准《广州日报》报业集团挂牌，作为全国第一家报业集团进行试点，拉开了传媒集团化的序幕。[①] 组建媒体集团客观上促进了媒体对子报子刊、频率频道及区域内报刊、广电资源进行整合，发挥规模优势，壮大了媒体实力和竞争力。

4. 部分资本运营阶段

这一时期，巨大的市场机会和政策松动，让整个传媒企业都认识到经营的重要性。2000 年 1 月，中共十五届六中全会通过《中共中央关于制定国民经济和社会发展第十个五年计划》,首次在中央全会文件里运用了“文化产业”概念。从我国实际情况看，文化产业包括影视业、文化娱乐业、文艺表演业

① 谢金文．中国传媒产业概论[M]．上海：上海交通大学出版社，2007.

等。2001 年 1 月，全国新闻出版局长会议提出，要着力进行“传媒领域投融资体系创新”“试点集团要着重在实现多渠道利用社会资金方面取得进展”。这表明，媒体上市政策有进一步松动的可能。

1994 年初，上海广电局下属的东方明珠股份有限公司上市；1999 年第一支媒体股电广实业更名为电广传媒在深市挂牌上市；1999 年，《成都商报》收购四川电器，采用资本运营中借壳上市的策略，实现了传媒的资本化经营。[①]

2000 年，《人民日报》下属华闻公司控股燃气股份。随后，《计算机世界》《新财富》《经济观察报》等诸多有外来资金背景的媒体也相继形成资本优势。

2002 年，中国证监会颁布的《上市公司行业分类指引》已将“传播与文化产业”确定为上市公司的 13 个基本产业门类之一，一些国内传媒集团在资本运营和上市方面进行了有益尝试，如东方明珠、电广传媒、中视股份等上市公司。[②]

5. 全面资本运营阶段

2004 年 12 月，《北京青年报》社控股的北青传媒股份有限公司成功在香港上市，成为我国内地首家境外上市的传媒企业，为我国报业利用资本市场做大做强开辟了新路。[③] 国内许多报业集团计划上市融资。深圳报业集团、《今晚报》社、《中国证券报》社、《电脑报》社等单位也都在这一时期制订了上市融资计划，对传媒整体转制进行了初步探索。

2005 年 8 月，国务院发布《关于非公有资本进入文化产业的若干决定》，允许非公有资本进入出版物印刷、刻录类光盘生产等文化行业和领域，参股出版物的印刷、发行，也可以进入新闻出版单位的广告、发行，广播电台和电视台的音乐、科技、体育、娱乐方面的节目制作，电影的制作、发行、放映，建设和经营有线电视接入网，参与有线电视接收端数字化改造等，但国有资本必须控股 51%以上。非公有资本可控股从事有线电视接入网社区部分业务的企业，但不得投资设立和经营通讯社、报刊社、出版社、广播电台（站）、

---

① 吴克宇．电视媒介经济学[M]．北京：华夏出版社，2004.

② 吴信训，金冠军．现代传媒经济学[M]．上海：复旦大学出版社，2005.

③ 周鸿铎．传媒经济学教程[M]．北京：首都经济贸易大学出版社，2007.

电视台（站）、广播电视发射台（站）、转播台（站）、广播电视卫星、卫星上行站和收转站、微波站、监测台（站）、有线电视传输骨干网等；不得利用信息互联网开展视听服务以及新闻互联网等业务；不得经营报刊版面、广播电视频率频道和时段栏目；不得从事书报刊、影视片、音像制品成品等文化产品的进口业务；不得进入国有文物博物馆。①

2008 年，国务院出台了 114 号文件，即《文化体制改革中经营性文化事业单位转制为企业的规定》和《文化体制改革中支持文化企业发展的规定》。文件明确指出："通过公司制改建实现投资主体多元化的文化企业，符合条件的可申请上市。鼓励已上市文化企业通过公开增发、定向增发等再融资方式进行并购和重组。鼓励文化企业进入创业板融资。"②无论是上市还是改制，资本的进入为国内报业集团的市场化运作带来强劲的动力，有助于提升各大报业集团的经营水平与新闻产品质量，从而带动其收入继续增长。这些传媒集团通过上市募集了上亿元的资金，大大提高了自身的经济实力。传媒产业的强劲增长对资本市场有着巨大的诱惑力。

（四）传媒资本分类

传媒资本是传媒的经济活动过程在价值上所产生的增值，并通过创造财富而实现传媒的人、财、物等资源的价值资产。从存在形态上而言，传媒资本可以分为有形资本和无形资本，主要区别在于有没有物质形态和是否是货币性的资本。③

1. 传媒有形资本

传媒有形资本是指具有资本特性的有形资产，包括实体形态资本和货币性资本两种。传媒的实体形态资本是指这类资本以实体形态存在，一般包括传媒拥有的设备、经营场所等，如电视台的节目制作设备、拍摄设备、

① 崔保国．传媒蓝皮书：中国传媒产业发展报告[M]．北京：社会科学文献出版社，2008.

② 李程骅．中国经济与传媒评论（第 1 卷）：创意与传媒[M]．上海：复旦大学出版社，2007.

③ 王德中．管理学[M]．成都：西南财经大学出版社，2007.

节目传输设备、信号播出设备和办公大楼等。货币性资本包括国家或者主管部门的直接拨款、传媒经营收入中的现金部分以及其他货币形式存放的资金。

2. 传媒无形资本

传媒无形资本是指具有资本特性的无形资产。传媒无形资本的核心是影响力，此外还包括企业经营机制、管理能力、关系渠道、营销互联网、栏目品牌、节目形式、专利权、商标权、债权（以其拥有的债券为形式）、股权（以其拥有的股票为形式）等。[①]

随着传媒产业日益成熟，无形资本的价值有时会远远高于有形资本，影响着传媒的经营活动。传媒资本是媒体自身进行融资或通过其他方式获取的，媒体利用传媒资本进行运营，实现有形资产如设备、人员等与无形资产如媒体品牌、影响力等的增值。

（五）传媒资本运营特点

传媒资本运营与一般企业的资本运营没有本质的区别，其主要特点有以下几点。

1. 以资本导向为中心

传媒的资本运营区别于生产经营，突破了传媒以生产为中心的企业经营观念，始终以保值增值为核心。一批又一批的传媒公司通过资本市场配置资源，传媒产业逐步成为支持我国文化创意产业的重要力量。

2. 以价值形态为主

传媒资本运营一直以来都注重资本的流动性，注重对资本的使用和支配，而不是简单占有，并采取资本组合的方式来回避经营风险。资本运营还注重利用和支配所有可利用的资源、生产要素，将它们都当作经营的价值资本，以最少的要素、资源获取最大的经济收益。

① 陈佑荣．媒介产业化研究综述[J]．中国电视，2007（7）．

3. 开放式经营

传媒的资本运营在注重企业内部资源的基础上，还通过内部资源来寻求价值增值，利用一切信用手段、融资手段扩大利用资本的份额，采取收购、兼并、控股、参股等手段，实现资本扩张，优化配置企业内外部资源，获得更大的价值增值。

我国传媒的发展方面，经济环境和政策环境越来越好，内部需求也在不断增加，传媒业产业化发展已成趋势，带动了上下游相关行业的发展，推动了文化产业的繁荣发展。但营利模式单一、收入来源结构性失调等问题仍然制约着中国传媒产业的发展。[①]随着中国传媒产业集团化进程加快，全球化进度加快，我国传媒产业巨大的媒体市场和利润空间，吸引越来越多的资本投入。

三、传媒资本运营内容

（一）传媒产品资本运营

1. 传媒产品资本运营定义

传媒产品资本运营是指传媒类产品在生产、流通和市场营销等各个环节中，通过较高效率的资金回收来达到传媒类产品的资本效益最大化。

2. 传媒产品资本运营方式

传媒产品资本运营方式主要有直接运营和间接运营两种。

（1）直接运营。

传媒产品直接运营是指生产和制作的节目通过自己的渠道直接投放节目市场，受众通过付费的方式接收节目，传媒企业通过购买节目形成直接交易，然后回收成本。

① 宋建武.媒介经济学——原理及其在中国的实践[M].北京：中国人民大学出版社，2006.

（2）间接运营

传媒产品间接运营是指通过自制节目，经由传媒的频道或栏目的播出后得到一定的收视率，通过二次售卖把受众“卖给”广告主，广告主通过付费的方式交给广告人或广告公司进行广告生产、制作、投放，通过广告回收成本。

（二）传媒原型资本运营

传媒原型资本运营是指传媒企业通过对资金、设备、人才等的市场运作把传媒资本的配置与其他传媒资产进行原始融入和结合，从而使传媒资本的配置和结构最优化、规模化。传媒原型资本运营有本体运营与子体运营两种模式。

1. 本体运营

本体运营是指传媒本体之间资本的跨区域整合。基本方式是传媒并购（兼并与收购）和资产重组。

（1）传媒并购。

传媒并购指传媒之间的兼并与购并，两个或两个以上的传媒企业经过协商的产权交易行为，某一传媒企业获得另一传媒企业多数产权而拥有该传媒企业的产权交易控制权。传媒并购主要包括：一是根据传媒企业间关联关系进行的并购；二是根据传媒并购的意图进行并购，可以划分为：善意并购、恶意并购和敌对性并购；三是根据股份数进行并购。

（2）资产重组。

资产重组是指通过资产存量的调整和产权的流动实现传媒资源合理配置的过程。资产存量调整则是在传媒内部通过优化组合和加强管理提高传媒企业已有资产质量，从而提高传媒的社会效益和经济效益。产权调整是指通过传媒企业的资产重组对资本进行资本配置和结构重组。

2. 子体运营

子体运营是指通过对各种传媒子体企业进行资产收购、兼并、联合运营、控股等多种经营方式的运行完成企业资产重组，建立一个传媒有限责任公司或股份公司，实现资产规模的增值。子体运营方式有两种：子公司直接注册上市和子公司控股上市。

（1）子公司直接注册上市。

子公司直接注册上市是指传媒将优质资产从公司剥离后重新进行资源整合与配置，重新登记注册变更成一家从属于传媒管理部门或者传媒国有资产控股的，且具有独立法人资格的股份制子公司，再通过子公司上市的方式面向社会公开筹措资金，以获得运营资本。

（2）子公司控股上市。

子公司控股上市是指传媒子公司收购上市企业的股票以实现对上市企业的控股，通过改革重组后再次上市，成为一家新的上市企业，通过证券交易扩大融资渠道，如《成都商报》的借壳上市。新闻网站利用商业模式获得社会资金，部分传统传媒网站与新兴媒体融合向股份制转化，实现传媒的公司化运营，通过股市等多种方式从社会吸纳资金。

（三）传媒信用资本运营

传媒信用资本运营是指以资本经营市场的传媒信用面向社会吸纳资金，用以提升传媒自身的资本实力和运营规模,实现传媒资本的长期持续性增值。传媒信用资本运营的主要目的是实现资本主体的多元化发展及规模化扩张。

四、传媒资本运营过程

传媒资本运营过程是依据融资、投资、增资、效益评估进行的。

（一）传媒资本的筹集（融资）

1. 通过信用资本从外部融资

信用资本是指传媒通过不同的信用形式形成的债权资本或权益资本，信用资本包括：第一，传媒资本市场的参与者。传媒在资本市场中通过融资或投资身份或中介服务机构参与资本市场。第二，传媒资本市场的投资者。依据行业领域的不同可以将其分为业内投资者和业外投资者，依据资本来源可以将其分为境内投资者和外资投资者，依据进入传媒资本市场的目的可以分为间接投资者、直接投资者、风险投资者等。第三，传媒资本市场的中介服务机构。在传媒资本市场中为各种金融工具的发行和交易提供各种工具来联系筹资者和投资者的专业性中介服务机构。

2. 筹资方式

（1）债权关系筹资。

主要有银行贷款、商业信用贷款、债券，其中银行贷款是最传统的融资方式；商业信用贷款通过分期付款、票据开具等方式进行融资；债券是一种有价证券，用以记载和反映债权债务关系。

（2）政策性融资。

根据国家的政策要求，利用国家预算内的拨款和预算外的资金以及政策性 银行贷款，对一定项目进行金融支持，即政策性融资。

（3）依托股权关系筹资。

股权关系筹资的最主要方式是发行股票融资，这一筹资更多的是利用股票与股民发生交易形成。

3. 上市融资

上市融资是指传媒通过发行股票直接筹资，是传媒为了筹集长期资金发行传媒股份，持有者能取得权利收益的有价证券。

4. 资本成本

资本成本是指投资资本的机会成本。这种成本不是实际支付的成本，而是一种失去的收益，是将资本用于本项目投资所放弃的其他投资机会的收益，因此被称为机会成本。

（二）传媒资本的运用（投资）

1. 投资方向

投资方向是指传媒在筹集到资本后寻求到的合适的能实现资本增值的投资。它可以分为两种：一是直接投资，在传媒经营中，将资金直接投放到经营中，从而获得利润；二是间接投资，在传媒经营中，把资金投放于传媒的金融性资产，从而获取利润。

2. 资本预算决策

传媒资本预算决策是指通过对传媒投资项目的投资回收期、净现值、内部收益率、营利能力等指标进行分析，帮助传媒做出资本预算的可行性决策。传媒资本预算决策程序为：估算投资方案的预期现金流量，估计预期现金流量的风险，确定资本成本的一般水平，确定投资方案的收入现值，根据选择法对投资方案进行比较取舍。

3. 增资与效益评估

传媒资本增资与效益评估是在资本积累基础上进行的。传媒资本积累是指传媒在资本循环周转中实现资本增值并形成新增资本过程，通过内部积累获取净利润，实现传媒的资本运营。传媒资本效益评估是指通过定量评估，找出切实可行的指标并对传媒效益进行评估，确保资本增值。

五、我国传媒资本运营面临的问题

（一）体制的束缚导致传媒资本运营举步维艰

通过“事业单位，企业化管理”机制的尝试和运行，传媒企业逐步从政府主导朝着市场化方向发展。同时，政府主导的传媒企业与经济主导的传媒企业是矛盾统一体，产业化推动着传媒市场化，而传媒具有意识形态属性，如何处理好二者关系是我国传媒产业发展战略必须思考的。传媒产业的意识形态属性体现在传媒企业的所有权以及传媒相关实体与政府之间的关系上。从所有制方面来看，我国的基本经济制度是公有制经济与非公有制经济并存，传媒企业是党和政府的喉舌，因而其政治属性始终处于在首位。无论是内容制作还是内容安排，必须始终将党和政府的利益放在第一位，宣传党和政府的方针政策。传媒企业的改制和转制，在一定程度上受到政府的主导与制约，传媒企业体制创新也会因此而受到影响。

（二）产权主体不清，阻碍传媒资本运营正常发展

传媒企业在改制前是一个政府机构，由政府任命的管理者管理；内部的管理制度、人事制度等都受制于行政命令，被动经营。传媒企业体制改革就是要改变其中不合理的部分。因此，政府需要转变角色，具体表现为：第一，作为传媒企业发展的政策制定者和战略规划者，要为传媒产业的总体规划和经营措施指明方向，通过调整传媒产业的政策和决策，为传媒产业的发展服务。第二，作为传媒产业运营的监督者，需要履行好把关人的职责，对传媒产业生产、传播的内容进行严格监督管理，且对传媒产业市场的运营状况进行监督和管理。第三，作为传媒产业国有资产的管理者，也要对传媒产业国有资产进行监督和管理，保证国有资产不流失并能保值、增值。我国传媒内部的产权关系混乱，传媒企业资产所有者与经营者之间责、权、利模糊。一方面，随着市场经济的快速发展，传媒产业规模化发展也要跟随时代的变化而变化，需要大量社会资本的介入，加快资本运营；另一方面，我国传媒产业形成自己的传媒品牌，并与投资方进行深度合作。如果发生投资失误，投资方难以收回自己的投资成本，就会限制投资方对传媒企业的投资。

（三）传媒产业化开放性程度低，不利于资本运营良性发展

传媒市场化依据市场规模和现代企业制度要求，实现传媒市场运作和经营管理。作为经营性产业而言，传媒企业必须依据现代企业制度经营和管理，需要有市场意识和竞争意识，树立受众观和服务观，增强经济效益，增加经济实力，提高传媒企业的竞争力，减少市场的无序发展。传媒的政治属性和政治主导决定了传媒企业的开放程度有限，对传媒资本运营提出了更高的要求。政府出台的一系列有关传媒产业及文化产业领域的投资融资文件、规定，给传媒企业提供了较多的优惠政策，引导、鼓励我国非公有制资本进入传媒产业和文化产业领域，以加快我国传媒产业和文化产业领域的市场化发展，但这些政策是有一定的制约和限制的，如 2001 年中办 17 号文件规定：新闻出版广播影视业不对外融资、不向私人开放，只允许在本单位内融资；其经营部门可向投资企业融资，但投资者不参与经营管理；发行集团、印刷集团，可向国有

资本、社会资本、境外资本融资，电影集团融资必须保证集团控股，向经过批准的国有资本和社会资本融资。这些规定束缚着传媒资本运营的发展。

（四）政策限制阻碍了上市公司的发展

一方面，作为社会公器的传媒必须把追求社会效益放在首位；另一方面，传媒产业化发展需要建立现代企业制度，需要把取得经济效益放在重要的地位。二者既统一又存在矛盾，在传媒产业发展规模扩大的情况下，矛盾更为突出，二者的矛盾阻碍着我国传媒产业发展的进程，能否处理好二者的关系决定了我国传媒产业体制改革能否成功。尽管我国传媒产业与文化产业界定为上市公司的基本产业门类，但由于行业政策限制，在上市过程中及上市后会遭遇诸多问题，如东方明珠的房地产和旅游业，中视传媒的房地产及旅游业，赛迪传媒的影视制作和信息咨询，歌华有线的互联网工程等，关系复杂，业务不透明，上市也难以实现真正的资本运营。

六、解决我国传媒资本运营问题的对策

（一）深化管理体制改革，实现市场化运作

集团化发展已成为我国传媒产业发展的必由之路，通过经营体制的市场化改革，传媒内部突破事业单位的机制限制，建立了市场竞争机制，实现真正意义上的现代企业发展。但同时，依旧存在的体制机制壁垒限制了传媒企业的发展。要加快传媒体制改革，需要尽快实现传媒产业化运行，重视市场的作用，实现传媒现代企业转制，让现代传媒企业具有独立法人资格和市场主体资格，建立股份制公司，以增强传媒企业的经营活力。可见，深化管理体制改革，政府命令和行政干预逐步淡出市场，实现市场化运作，有助于推动传媒产业的发展。

（二）改革产权制度

现代企业的改革主要是产权改革，即投资主体与产权的明确，通过国有

资产管理部门授权，借用资本建立大型传媒集团。产权不仅是所有制的法律反映，也是所有权的基础。我国传媒企业实行的“事业单位，企业化管理”模式，很难准确界定产业准入资格，因此，传媒企业要通过产权多元化来组建传媒集团，建立以产权为纽带的母子公司体制，调整改革传媒集团内部组织和管理机制，通过产权多元化和责权利的有机结合，激活传媒企业的经营，促进经济效益的提高。

产权改革首先要建构多元化资本组织平台，通过股份制改革建立以资本为主的组织形式，通过资本所有权与经营权的分离及内部治理结构的制衡，吸引外来资本的注入，通过传媒产业股份制改革，建立产权清晰、权责明确的政企分开管理体制，建立科学的现代企业制度，促进资本的有效运营。

（三）促进产业融合

“三网融合”相关政策促进中国传媒产业的产业融合，实现互联互通、共同竞争的局面。信息传播技术与互联网融为一体，电信业和传媒产业进行产业融合，形成统一的传播平台，加快创新互联网技术及其运用，拓展互联网产业价值链。传统传媒与互联网传媒的融合，能够实现智能终端与信息技术及数字内容的融合；完成跨媒体融合、新兴传媒与传统传媒的融合、新兴媒体之间的融合。通过不断开发新技术和创新业务，依据传媒市场需求，培育现代传媒市场体系，拓展互联网产业与智能传媒产业的价值链。

总之，通过宽带电信网、互联网、数字化、智能化实现产业融合，建构新兴的传媒产业大融合，提升传媒产业化水平，实现真正意义上的信息、传媒、文化产业三者之间的产业融合。

（四）利用资本运营壮大传媒产业

资本运营的前提是传媒通过收购、兼并、股权置换等资本运营模式实现传媒企业的制度创新，但如何通过无形资产实现资本运营，对传媒企业是一个新领域，需要开发和创新。对传媒企业而言，无形资产是其比较优势，不充分运用是巨大的资源浪费。无形资产是传媒集团的核心资源和竞争力，要通过融资制度创新和传媒集团的资源分配，实现无形资产资源配置和利用最优化，收到成本低、投资少、收益高的效果，发展壮大传媒企业并实现对外有效开拓和发展。

我国传媒企业需要借力资本市场进行资本运营，实现超常规发展，组建传媒集团，提高市场竞争力。随着传媒技术的不断提升，传媒社会化、专业化的生产方式得以形成。另外，传媒市场的持续增长促进资本市场发展，传媒企业与资本市场的相互依存、相互促进推动了我国传媒产业深入整合，使市场结构更加合理。

第五章

传媒品牌

随着我国传媒市场竞争加剧，传媒产品的同质化现象严重，要想在传媒市场竞争中处于优势和领导地位，品牌差异化营销显得十分重要。事实上，成功的传媒企业正是通过品牌的构建形成了具有竞争力的传媒品牌，进而立足传媒市场。

一、品牌是消费交流的符号

（一）品牌概述

1. 品牌的定义

品牌起源于19世纪早期，是产品的区别性标志，用以区别同类产品的竞争者，以表明本产品的品质。

美国市场营销协会认为品牌是“名称、专有名词、标记、设计，或是将上述综合，用于识别一个销售商或销售商群体的商品与服务，并且使之与竞争对手的商品和服务区分开来”①。此定义只有区别，没说为什么消费者要购买这一品牌。

菲利普·科特勒认为，品牌是“人们购买时提供购买产品的利益点及附加价值，其中附加价值能够给消费者提供购买的理由和前提，并且给消费者提供购买与产品有关的特性、利益和服务的承诺”②。它通过改进品牌标识符号的有效运行，将一个品牌从属性、利益、价值、文化、个性及服务用

---

① 凯文·莱恩. 战略品牌管理[M].吴水龙，何云，译. 北京：中国人民大学出版社，2014.

② 菲利普·科特勒. 营销管理[M].何佳讯，于洪彦，牛永革，译. 北京：格致出版社，2016.

户六个不同方面给全体消费者提出购买的品牌承诺和购买理由。菲利普·科特勒通过符号的区别及附加价值的提供，将自己的产品与竞争者的产品进行明确区分。

大卫·奥格威认为，品牌是“各种内容的象征，是品牌的各类要素的总和，这些要素包括品牌的延展性、品牌的名称、品牌的包装、品牌的价格、品牌的历史、品牌的声誉、品牌的广告风格等”①。可见，大卫·奥格威有关品牌的论述更多是通过一些要素的分析，进行品牌内容象征的内涵叙述。品牌的重要性已为越来越多的企业意识到。

品牌概念的不断延伸，使得品牌超越了识别和区分竞争者的功能或者给消费者提供承诺和购买的理由，增加了更多的品牌内涵，尤其是增加了品牌的文化内涵，使得品牌概念更为丰富和多元。如茅台不再仅仅是白酒的代表，还是中国酒文化的象征。品牌具有自己的内容和意义，是一种特定的文化符号。品牌不仅标识产品的功能和质量，而且具有文化象征意义。

2. 品牌的意义

（1）品牌代表企业的竞争力。

品牌最原始的作用是用以区分不同竞争者，包括产品价格竞争、质量竞争和企业品牌信誉竞争。价格竞争和产品质量竞争都是初级阶段的产品市场竞争，当步入市场发展的高级阶段时，品牌竞争成为必然，即通过提升品牌核心竞争力给企业提供高附加值、高额的利润、高市场占有率。有价值的品牌能给消费者提供高质量、高品位的生活享受。促进产品的销售情况好，意味着产品或服务更具有市场竞争力。

（2）品牌意味着客户购买的理由。

消费者在购买产品时通过品牌所提供的品质保证得到心理上的满足感和愉悦感。品牌不仅是对消费者的承诺，同时也是质量和信誉的保证，还能使消费者在消费其产品时获得优越感及享受服务的成就感，因而品牌代表产品质量和服务水准，是企业形象与消费者、公众和社会评价的准则，能够吸引

① [美]大卫·奥格威．奥格威谈广告[M]．曾晶，译．北京：机械工业出版社，2003.

较为稳定的、忠诚的客户群，形成对品牌的忠诚度，进而促使消费者重复购买，如南方黑芝麻糊正是抓住了消费者对童年的回忆及企业的历史传承，使消费者接受了这一品牌。品牌形象一旦构建起来，就能够在消费者心中建立起较为持续的和长远的信赖，如海尔的广告语“真诚到永远”极好地体现了企业品牌的内涵和核心竞争力，推动了消费者对海尔的认可和接受，并持续了相当长的时间。

（3）品牌是企业长久存在与持续发展的灵魂。

没有文化价值和文化内涵的产品是无生命力的产品，品牌需要长时间的积淀，通过品牌可以了解企业或产品的文化、传统、精神和理念。品牌是企业经过长期打造、推广、促进建构起来的，是通过人、才、物的持续投入并持续较长时间塑造起来的。品牌一旦建构起来就成为企业的无形资产，形成产品竞争力，构成了品牌价值，成为企业重要的资产之一。品牌赋予产品文化内涵及文化价值，就是给产品注入了生命力和影响力。

（二）品牌产生的条件和价值来源

1. 品牌产生的条件

（1）购买者和生产者角色各异。

随着社会分工的细化，生产者和购买者彼此并不认识和了解，这加大了交换风险。为了减少或避免这一风险，双方需要进行了解并增加信任从而实现交换，而品牌可以使购买者和生产者之间产生直接的联系，减少不必要的中间环节，生产者负责生产高质量和适应市场需要的产品，购买者需要了解品牌的价值所在进而进行选择。

（2）消费者选择的可能性增加。

消费者选择和购买产品或服务是依据自己的记忆或使用后的感受，而这一过程需要通过对产品或服务的长期宣传和推广后所形成的品牌认知、理解和认同后才能实现，之后会形成对品牌的忠诚度，以此形成品牌的核心竞争力。

（3）生产者进一步扩大市场的愿望不变。

当今市场不再是单一的卖方市场，随着同类产品的不断增加，同质产品的不断涌现，各类替代产品出现，给企业带来极大挑战和压力。这迫使生产者通过不断提高产品或服务质量，充分满足消费者的需求。只有这样，才能争取到更多消费者的选择和使用从而扩大市场。

2. 品牌的价值来源

（1）品牌有助于降低消费风险。

消费者为了降低风险，会选择购买有一定知名度的品牌产品或服务。大部分消费者并不直接与生产者联系，而是通过企业宣传或者广告得知某种产品或服务，因而存在着产品或服务信息的不对称现象，从而使消费者购物时存在着一定的风险。消费者往往选择所信赖的品牌，以降低消费产品或服务的各类风险，从而形成对产品的依赖和购买习惯。

（2）品牌有助于提高消费效率。

随着我国市场经济的不断发展和壮大，同类产品极为丰富，对于消费者来说，无论是产品、服务还是企业本身，都会给消费者的判断和选择带来难度。品牌是消费者心中接受产品的一个重要标志，是体现产品品质和特色的根本保证。在消费者心中，它不仅代表企业的整体形象，而且代表企业的整体经营状况和企业管理水平。品牌营销缩短了消费者在决定购买品牌产品时的具体决策时间，使他们可以认牌选购。

（3）品牌可以提供功能价值之外的价值。

拥有品牌能够让更多消费者认知、了解企业产品或服务，进而根据自己的品牌需求选择、购买产品或服务。品牌凝结了产品风格特征、文化背景、设计理念等，同时也优化了服务的内容和类别，品牌价值能够为消费者在进行购买时提供很有价值的参考和借鉴。品牌除能够满足消费者对产品或服务的基本功能性需求外，还能提供的额外价值，包括心理价值、文化价值、社会价值，这些附加的价值是产品本身所不具备的，而是品牌提供的无形价值。

（三）品牌是消费交流的符号

1. 识别符号系统

品牌包含产品名称、标识、包装等，随着产品广告、促销活动反复、持续推广而影响消费者，消费者耳熟能详的品牌产品或服务快速构建品牌的过程本身就是产品或服务从外在形式上与其竞争对手产品形成区隔的过程，品牌使得消费者可以快速在众多同类产品或服务中找到自己所需的同类品牌产品或服务，这是品牌具有的识别功能。另外，品牌形象符号是产品意义的视觉代表，能在持续的品牌营销宣传活动中快速获取用户。

2. 实体产品或服务

品牌作为一种营销手段，是让消费者识别和选择产品，产品必须要有实质性内容，才能为消费者提供实在而确定的产品和服务，满足消费者的需求和欲望。因而品牌并非一种想象或虚幻。立体式交叉式的广告宣传能够让消费者知晓，但满足不了消费者的这些需求和欲望，一旦停止广告，产品或服务将很快从消费者心里消失，实体产品或服务要让消费者认知、理解和认可，并实现购买，才能成为真正的产品和服务。

3. 附加价值

品牌附加价值是通过功能性附加价值和情感性附加价值得以实现的。功能性附加价值能够满足消费者对产品功能方面的需要，满足消费者对所购的东西物有所值的感觉，从而产生一定的优越感。如美的空调的售后服务，格力空调的省电功能。而情感性附加价值是指能够满足消费者某种情感需要所获得的附加价值，使消费者对品牌产生亲近感，以及一定联想所赋予的真诚感，拥有身份和地位所带来的愉悦感。

（四）品牌的消费交流功能

1. 架起消费者与企业之间交流的桥梁

品牌是消费者与企业之间沟通的桥梁，企业通过品牌系列符号与消费者进行沟通和交流，形成与消费者的良性互动关系。品牌代表消费者对某些产品的基本需求，消费者在选择品牌时希望所拥有的产品、服务有品牌质量、有较高的性价比、成本风险低。消费者对品牌本身的高度评价以及品牌的核心价值决定了品牌在消费者心中的主导地位。品牌是企业经营承诺的重要表现，是企业产品、服务、广告宣传、社会整体信誉的综合体，因而许多企业通过品牌设计和推广，表现企业的优良产品和服务，并为广大消费者所广泛认知、理解和接受，从而形成独特的企业竞争力和优势。

2. 促成消费者间交流

品牌是消费者自我表达和形象塑造的一种手段与途径，并能向其他消费者传递品牌所具有的身份地位、个人特征、生活方式、价值理念以及对社会的责任感等。而消费者也通过品牌所表现出来的高品质彰显自己的身份、地位、品位。同时，还能预示和把握消费潮流和趋势。

3. 促进经济交流

一般来说，品牌在一定程度上能够直接反映一个国家、地区的社会经济状况。一个国家和地区的经济越发达，其品牌在全球市场上的规模越大，扩张能力就越强。品牌越强大，就越有机会吸引到国内外更多的消费者。此外，品牌是企业与企业之间进行交流和沟通的符号，通过品牌可以传递企业的经营理念、营销思想，促进企业更好地实现经营目标。

4. 有助于文化交流

品牌具有文化特征与文化价值。品牌进行跨区域或跨国家推广，成为文化传播载体。消费者是通过品牌推广知晓品牌并接受品牌的，品牌通过传播向消费者灌输其文化价值和文化内涵。品牌的消费者可以重复消费、多重体验，从而促进文化传播的有效性。

（五）品牌符号意义的获得

品牌符号意义是通过实体产品或服务的特征与表现呈现的。符号有能指和所指两个方面。索绪尔认为，任何语言符号都是由“能指”和“所指”构成的，“能指”指语言的声音形象，“所指”指语言所反映的事物的概念。符号具有任意性。符号的任意性就是说，所指与能指的联系是任意的，两者之间没有任何内在的、自然的联系。[①]品牌的符号意义是通过产品或服务所承载的实物上的所指，对消费者认识品牌、接受品牌起到重要的作用。品牌符号的意义是消费者在对产品和服务的认识和接受中逐步积累形成的。一方面是通过品牌传播让消费者接触产品或服务信息，体验产品或服务，同时与相关群体进行交流和沟通，从对品牌的不认识到了解再到熟悉，一步一步地认识企业所传递的品牌意义。另一方面，消费者依据自己的价值判断对企业传递的品牌进行再认识和了解，从而形成新的品牌意义，通过此过程去影响其他消费者对品牌的理解，让更多消费者产生对品牌的认识和理解。由此可见，消费者在品牌意义建构中是参与者。企业传递品牌内容及符号能够让消费者更好地理解品牌意义，这是一个双赢的过程。如立邦漆仅是一个涂料产品，但通过品牌意义的建构形成了具有绿色环保的意义。所以，品牌从创建者赋予其意义到消费者认可其意义再到被消费者认可的丰富的品牌意义符号，是经过了较长时间的建构和扩大的。

二、传媒市场的品牌竞争态势

多元社会给传媒发展提供了空间，但由于传媒产品同质化现象严重，受众日趋成熟，品牌消费逐步成为消费者认可和接受的前提，传媒品牌竞争日趋激烈。

（一）传媒竞争加快

我国传媒数量巨大且种类繁多，各类传媒组织架构也日趋多元化。传统传媒有报纸、杂志、广播、电视等，报纸不但包括各级党委组织的机关报，还包括人民群众性组织的机关报、产业性组织的行业报、专门性组织的机关

① 费尔迪南·德·索绪尔．普通语言学教程[M]．高名凯，译．北京：商务印书馆，1980.

报。此外，还有日报、晨报、午报、晚刊等，形成多层次、多类型、多特点的报纸产业结构。广播电视发展迅速，有中央台、地方电台、国际台等，报道内容丰富，涉及政治、经济、社会、文化，形式多种多样。

随着技术的发展，我国互联网得以快速发展。中国互联网信息中心（CNNIC）发布的《第 51 次中国互联网发展状况统计报告》显示，截至 2022 年 12 月，我国网民规模为 10.67 亿，较 2021 年 12 月增长 3 549 万，互联网普及率达 75.6%。截至 2022 年 12 月，我国手机网民规模达 10.65 亿，较 2021 年 12 月增长 3 636 万，网民使用手机上网的比例为 99.8%。[①]手机因其移动便携等特点成为目前人们使用的重要产品，同时也是媒体融合选择的新平台。为了争夺移动用户市场，各媒体纷纷进入移动客户端，不仅有传统媒体，而且有新兴媒体。各类移动新闻资讯信息应用服务平台也在不断创新发展，涉及我国新闻资讯的各个领域，主要包括我国传统媒体服务平台、社会互联网交流平台、浏览器、专业新闻资讯信息服务平台、短信和视频资讯服务平台以及移动终端新闻资讯等，市场竞争增强。新闻信息受众是个极其庞杂的群体，在职业、文化程度、社会经验、性别、年龄、所在地区、经济地位、价值观念等方面都有差异，受众的分层决定了他们对于新闻信息的兴趣和要求不同，也就决定了相同的新闻资源有不同的受众，这加剧了媒体间的竞争。

（二）打造和维护品牌竞争

随着市场经济的发展，传媒竞争成为必然趋势。如何在竞争中取胜？品牌竞争成为媒体竞争不可或缺之要素。

1. 开发现有传媒资源，打造受众认可的传媒品牌

传媒品牌受众数量的多少影响受众对传媒的选择。具有品牌影响力的传媒在其产业内部的竞争中占据比较优势的地位而获得经营主动权，因而越来越多的传媒不断挖掘和开发现有资源并积极进行产品优化、塑造品牌，依据品牌优势积极参加市场竞争。品牌成为传媒资产的重要组成部分，品牌这个

① CNNIC．第 51 次中国互联网络发展状况统计报告[DB/OL]．(2023-03)．https://imags-b2b.toocle.com/home/detail-6625554.html.

无形资产有助于增加有形资产的规模。

2. 不断创新，维护品牌的优势地位

传媒产品是精神文化产品，具有自己的特色和个性。传媒产品进入成熟期后，得到受众的认可和接受，而竞争也日趋激烈。企业为了保住传媒品牌优势，必须提高自身品质并对其创新。传媒企业要具备精品意识，从产品质量上下功夫，从产品和内容上抓好产品质量，打造精品栏目、版面和频道，形成较好的品牌效应，增加传媒品牌的竞争力和影响力。

3. 加强品牌包装提升营销效果

受众对品牌的认知和接受程度取决于阅读和收视效果，影响传媒品牌的市场占有率。品牌的包装在提升营销效果中有极为重要的作用，每个传媒品牌从标识到名称、色彩、字体、语言、画面等都与其他传媒品牌有不同之处。受众可以通过品牌包装对品牌进行区别。

三、传媒品牌与传媒品牌的价值

（一）传媒品牌概述

1. 传媒品牌的定义

关于传媒品牌的定义有很多，有人认为，传媒品牌是一个“商业概念”，它代表了“媒体所提供的精神产品的感知质量以及这种质量在受众心目中的潜在商业价值”[①]。有人认为，传媒品牌“不只是用广告语、宣传片、形象设计（如报头、台标、版面风格）、主持人或每一个传媒产品来树立的形象，更为重要的是，它实际上是受众与传媒机构之间的一种紧密关系与深刻体验，更多地表现为精神体验以及所体现出来的文化价值”[②]。还有学者认为，传媒品牌是指传媒的“物质技术属性及其接受条件，它是区分一种传媒与另一

① 范欣．试论中国传播媒介的品牌化经营[J]．肇庆学院学报，2001（1）．
② 陈兵．传媒品牌的核心价值及定位[J]．当代传播，2007（3）．

种传媒的重要标志，也是传媒的外部特征”[①]。以上传媒品牌的定义不一样，但其内涵本质上是一样的，传媒提供内容和信息给受众，要通过一系列包装和推广，通过树立品牌形象占有传媒市场，从而形成传媒竞争力。由于传媒企业生产的产品是精神文化产品，因此，传媒营销不仅要尊重市场规律，而且要尊重社会主义新闻规律，坚持社会效益和经济效益相结合，把社会效益放在第一位。

2. 传媒品牌与商业品牌差异

传媒品牌和商业品牌的特点和运作，既有共性又有特殊性。二者的差异表现在以下几个方面。

（1）层次性。

传媒品牌作为一个品牌，具有层次性。消费者通过消费传媒品牌的产品和服务，满足其基本的需求和欲望，进而了解传媒品牌的基本属性和特征，以此获得产品属性或功能。如中央电视台有各类频道和节目，而且均有不同的收视观众，有针对大众的科普类科技频道，有面向少年儿童的少儿频道，有针对了解国内外新闻的需求的新闻频道，也有面向音乐爱好者的音乐频道等，不同层次的观众选择的频道有所不同。

（2）跨区域性。

传媒因为地域、政治、文化、语言而存在一定的地域性，传媒品牌的渗透性、转移性不足，产生全国性或世界性的品牌就具有一定难度。因而，传媒产业要发展，需要实现跨区域经营，形成跨区域品牌。如各省、直辖市、自治区等均有自己的卫视频道，突破了地域性。

（3）树状结构。

传媒品牌的树状结构是指传媒品牌按照一定的节点进行布局和排列，由中心品牌到分支品牌，进而再分，形成一个传媒品牌的集合。但这种树状结构不是无限的而是有限的，如随着科技的发展和社交媒体的广泛应用，人们在互联网上的交互程度前所未有，每个人都可以非常便捷地在社交平台上表

① 万力．媒介经营与产业化操作实务[M]．北京：新华出版社，1999（1）．

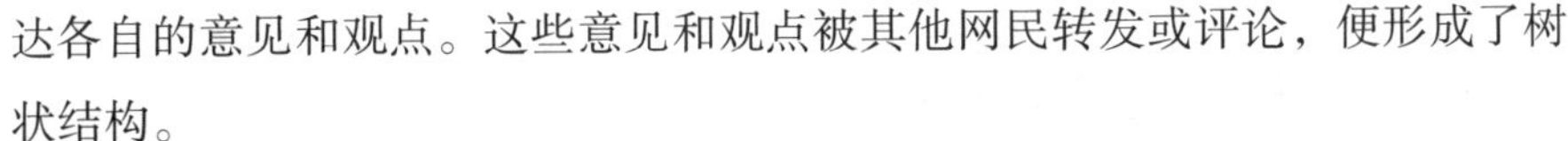

达各自的意见和观点。这些意见和观点被其他网民转发或评论，便形成了树状结构。

（4）持续性。

传媒品牌是依据受众认可和接受程度而逐步建立起来的，具有较强的稳定性，受众因品牌忠诚度较高而长期消费某些传媒品牌，从而树立起传媒品牌的美誉度，增加传媒品牌的公信力。如受众对纸媒《参考消息》的认可，即使人们的阅读习惯发生变化，仍然会订阅。

3. 传媒品牌的构成要素

传媒品牌的形成依赖于受众对传媒心理和情感上的认同。受众在与传媒的长期接触中，会产生对传媒品牌个性、品质和声誉的好感，进而形成偏爱并重复购买或使用。不同的受众对传媒品牌的评价标准不一样，一般认为，一个成功的传媒品牌应包括下面几个要素。

（1）传播内容的质量。

传播内容是媒体安身立命之本，如同产品质量是一个企业的生命线一样，传播内容的质量也决定着一个媒体的生死存亡。一般来说，受众接受某一传媒品牌首先就是从内容开始的，传播内容就是传媒品牌的产品品质。当受众希望了解财经界发生的重大事件时会首选《财经》杂志和中央电视台的经济频道，希望了解政治生活新闻会选择《南方周末》、中央电视台的新闻联播和《中国青年报》等媒体，因为这些媒体依靠高质量的传播内容在各自领域树立了权威。

（2）传媒的公众形象。

传媒的公众形象是指传媒在受众主观印象中的总体形象，反映为媒体所拥有的口碑。优秀的传媒品牌会在公众领域树立威信，会让它的受众产生正向的、积极的联想，它可能是诸如严肃、大气、客观、深刻等关于品质的认定，也可能是诸如不错、喜欢、挺好等倾向性的评价。相反，低劣的传媒品牌则会遭到摒弃和鄙视。传媒品牌的公众形象，直接影响着传媒品牌价值的高低，也与传媒经营成败息息相关。

（3）稳固的受众资源。

传媒经济作为一种影响力经济已经成为共识，媒体的影响力是由其所凝聚的受众的社会影响力决定的。传媒与其他行业不同之处在于其“双重销售理论”，即媒体在向受众销售新闻产品的同时，也受到受众的注意，媒体凭借受众注意来吸引广告主，并向其出售广告版面或时段，本质上就是出售传媒所拥有的受众资源，也叫“二次售卖”。因此，拥有一定数量的受众就成为传媒经营的核心问题，也是传媒品牌运作的目标。另外，受众的质量也是传媒品牌的一个重要因素。根据“二级传播理论”，不同受众在整个社会信息传播体系中的地位是不均衡的，那些社会主流人群具有更强的社会影响力。

（4）传媒品牌的认知程度。

传媒品牌的认知程度可以由知名度、美誉度和认可度三个指标来评价。知名度是指人们对传媒品牌知晓的程度和范围。人们处理信息的能力是有限的，而传媒的数量多，所以只有从众多媒体中脱颖而出的传媒品牌才能被读者接受。美誉度指传媒品牌的外在表现和内在信息在满足受众需要时给予他们的信念和好感度，它是引发受众购买行为的积极心理动力，往往表现为一种抽象并为他们所感兴趣的心理体验。认可度指人们对传媒品牌在未经提示的情况下，可主动记忆传媒品牌的受众。知名度倾向于客观价值判断，而美誉度是一种主观价值判断，涉及评价主体的个人情感、社会心理等因素，认可度是主客观相结合的因素。三者缺一不可，共同影响受众对传媒品牌的认知程度。

4. 传媒品牌经营理念

传媒品牌的特性决定在建构和经营中要突出个性，明确定性，并不断创新。

第一，根据品牌的区域文化特点，强调品牌的区域特色。品牌的创建是建立在对当地自然环境、传统观念、生活方式、历史变迁和当代实践进行区域整合的基础上的。不同地域的传媒有自己的文化风格、内容特色以及独特的受众群体，因而需要为不同地区的受众量身订制适应他们的传媒产品。

第二，通过市场定位和品牌定位确定品牌的形式、风格、内容和包装，以塑造品牌个性和品牌形象，顺应市场需求。不同地区的市场及品牌定位有所不同，依据地理统计指标满足不同的受众需求。

第三，突出主流文化在品牌构建中的地位和作用，并依据市场规律和受众需求变化调整品牌结构，突出品牌的风格和个性，增加品牌的影响力。各地区有自己的地域文化，但必须尊重主流文化，树立文化自信。

（二）传媒品牌的价值

品牌具有象征性，体现了若干功能性和情感性的价值要素。传媒品牌通过品牌的抽象性、价值性和无形性来展示传媒品牌的意义，使受众对传媒品牌的核心价值产生认知、认同。具体而言，传媒品牌的核心价值是通过以下三个层面形成的。

1. 理性价值层

传媒品牌的理性价值层面是指传媒品牌从媒体消费中获得价值的认知，这是最初级的层面。受众对传媒品牌的体验是从媒体产品的体验开始的，基于媒体产品能给受众带来利益，且是受众能感受到的利益。在这个层面上，传媒品牌的核心价值是外在消费价值，如广电提供的节目、专题、频道的质量符合受众对媒体品牌的期望与认可，通过外在消费价值的体现让受众更加了解传媒品牌，更加相信传媒品牌。传媒机构通过精美的制作、优秀的编播设备、知名度高的主持人、出色的记者等品牌外在消费价值将传媒品牌理念提供给受众，增加受众对理性价值的精神诉求的归属感。如《成都商报》关注百姓生活，为百姓提供具有新闻和信息价值的生活及民生服务就是《成都商报》品牌的理性价值。

2. 感性价值层

传媒品牌的感性价值是指受众在使用媒体品牌时，品牌能给受众带来更深层次的感受，并与受众建立密切的关系。受众对传媒品牌产生好感是品牌体验的心理层面，媒体品牌能否激发受众的信任感、尊敬感和满足感，取决于媒体品牌与受众之间不同层次的关系，如熟悉、怀旧、自尊、伙伴关系、情感依恋、承诺和依赖等。成功的传媒品牌往往有微妙的差异。如B站是年轻人当下最喜欢的网站，因为它通过对二次元亚文化的阐释，满足年轻人的感性价值层面的需求。

3. 象征价值层

传媒品牌的象征价值层是指受众对传媒品牌的认知达到一定程度后，其对品牌的价值主张和价值观有所理解并慢慢接受。观众看完一档电视节目后，形成自己的价值取向和价值观。如央视的“开讲啦”节目，通过分享名人在各自领域的知识和经验，让受众了解传媒品牌的价值取向。传媒品牌的核心价值在价值层面上重视受众的需求，满足受众的内在需求，从而更大程度地获得受众对品牌的忠诚度。因此，传媒品牌不仅注重于品牌的外在消费价值，同时也关注品牌的内在精神价值。如央视的“百家讲坛”栏目，通过社会各层面的知名人士对历史、传统文化、文学等的讲解，让受众接受此栏目的价值主张和价值观念。受众通过传媒产品的体验关照自己的生活状态及生活态度，当传媒品牌价值达到象征性层面后，传媒品牌才有了真正的核心价值。

四、传媒品牌的构建

（一）品牌塑造战略

在保证质量、形式、服务、信誉、市场占有率和市场回报率的前提下，传媒品牌塑造是通过报、台、频道、互联网等的栏目或节目让受众产生良好的印象，从而构建传媒品牌。

1. 差异化定位打造品牌

品牌定位属于传媒品牌战略的组成部分，指从自身的特点出发，发挥自己的优势。通过分析传媒的宏观环境和微观环境，确定传媒的市场细分和品牌定位，并依此了解受众的需要以及自身的优势资源和核心竞争力，分析品牌竞争者，了解竞争的优势和不足，找出自己的利益点和机会点，从而把握市场机遇，占据理想的市场份额。如从属于维亚康姆集团的MTV音乐频道，一开始就将品牌定位于青少年观众，因为他们个性鲜明、时尚感强、追求潮流和时髦。以摇滚歌星为主角的“我要我的 MTV”系列广告片在频道落地的各区域播出，提高了青少年观众的关注度，产生了较好的影响，最终取得了 166 个国家 4 亿用户的业绩，把流行音乐传播到世界各地的同时，也使具有品牌属性的青年音乐文化风靡全球。又如凤凰卫视开播之初，主要针对香港的受众，设计了一系列电视节目和电视连续剧，但受众人数有限，加之缺乏创新与精良制作，当地受众并不十分感兴趣。经过市场调查后，将品牌定位为“了解世界的窗口”，让凤凰卫视成为世界华人了解中国内地的窗口、中国内地受众了解香港的窗口。此外，市场调研揭示出凤凰卫视的受众是 20 ~ 40 岁的年轻群体，他们的文化水平和消费能力都较高，因此凤凰卫视在制作节目时，将目标受众锁定在这部分观众上，以他们的个性需求为基准，强调节目的新鲜感和形式的活泼多样。与此同时，也提供具有香港风情的节目和栏目，从而吸引了更多的观众。

2. 切入传媒市场的空白点打造品牌

商品有自己的生命周期，传媒在其产品衰退期来临之前，通过内容和形式的创新引导受众对传媒产品的消费。传媒需要依据市场规律进行详尽的市场调查、分析，形成一定的市场细分，并确定传媒的定位。通过内容策划、营销活动给目标受众提供具有个性内容和特色风格的产品。在内容为王的当下，必须从内容上着力，依据受众、读者、广告客户需求的变化，及时调整营销策略和模式，并通过各类品牌策划和广告策划，建构传媒产品品牌和传媒自身品牌。在进行品牌定位时，依据市场调查分析对受众进行市场细分，从不同的利益诉求、思想和价值观着手，挖掘潜在和显在的受众需求，在细分市场中探寻受众群体适合的信息需求和精神需求，找到市场的空白点和切入点进行差异化品牌定位，从而占领市场，使品牌快速成长和发展。例如，在多数杂志都处于迷茫状态的情况下，《特别关注》杂志瞄准男性市场，定位为“成熟男性读者”读物，成为国内第一本针对成熟男性的杂志。内容以中年男性的工作和生活为重点，根据中年男性的普遍态度和价值观，针对中年男性的需求和这个年龄段的风格设计栏目，符合这个年龄段男士的调性。

3. 运用品牌要素打造传媒品牌形象

品牌的元素较多，除了标识、名称外，还有品质、个性、价值、认知评价度、品牌认知等。要塑造传媒品牌，需要对品牌各要素充分利用并精心设计，突出传媒品牌产品的文化内涵，从而在受众心中树立起鲜明的品牌形象，增加品牌的知名度、美誉度、忠诚度，形成传媒品牌的影响力和传播力。

4. 提升品牌精神价值和文化内涵打造传媒品牌

品牌价值有物质价值和精神价值，物质价值是指品牌以其优良的品质所呈现给消费者真实而客观的物质利益感受，品牌的精神价值是在品牌产品定位、传播、营销等过程中所呈现出来的个性、时尚、利益点等元素，用以满足消费者的精神需求。对于传媒品牌而言，品牌核心价值的提炼和完善极为重要，是传媒所代表的内在精神主张、价值观、生活方式和人生态度。品牌形象能够带来品牌认同，体现品牌个性的文化价值，使受众产生文化共鸣，形成精神依赖或文化依赖，从而形成对传媒品牌的信任和忠诚，如央视以大气、沉稳为其个性和风格，湖南卫视以活泼、娱乐化为其个性和风格，《新周刊》以新锐、前卫为其个性和风格，等等。

5. 提升传媒产品与媒体服务的品质打造传媒品牌

消费者对品牌品质的要求很高，会影响消费者对品牌其他方面的认知，并直接影响产品的营销效果。传媒品牌的建构同样需要建立在传媒的优良品质基础上。优质产品是品牌的前提，打造品牌就是打造优质产品。品牌认知不仅包括知名度，还包括忠诚度和美誉度。通过品牌传播可以提高品牌知名度，而品牌忠诚度和美誉度则应通过产品和服务质量来建立和加强。

传媒给受众提供信息服务和生活服务，是传媒品牌品质的基础和前提，通过传媒品牌形象增加品牌附加值，给受众以亲切、可靠的感觉。通过对受众实际生活的关照，为受众提供切实可行的产品与服务，是传媒品牌建设的重要手段。如《家庭医生报》的定位就是家庭医生，为受众提供健康服务，回答读者的问题，解决读者的困难，并开设咨询热线，请专家教授对读者进行一对一的咨询服务。通过咨询热线吸引读者的参与和互动，真心为读者的健康提供服务，得到全国百万读者的青睐，成为中国卫生类报刊的知名品牌。

6. 通过品牌延伸，拓展品牌的产品线和产业链

品牌延伸可以是相同媒体、同质产品的延伸，也可以是不同媒体、不同行业的延伸，这都是为了提高品牌的知名度和美誉度，提高媒体竞争力和抵御市场风险的能力，整合并充分利用资源，以取得更好的经济效益。一些知名媒体为了扩大品牌影响力，在国外出版当地语言文字版。如《时代周刊》《新闻周刊》在海外都有外文版，《新民晚报》在美国、澳大利亚、加拿大、英国等国家出版英文版。传统媒体建立网站、开通微博和微信，也是媒体品牌的延伸。

还有的传媒在多元化的领域进行拓展，如有的传媒集团旗下有会展、物流、酒店、房地产、金融投资等行业，使其品牌得以延伸。

（二）设计品牌产品营销方案

品牌战略规划的第三阶段是设计品牌营销方案，其核心是提出品牌的产品及其价格、渠道、促销四个方面的可执行方案。

1. 传媒产品策略

传媒产品策略包括传媒产品层次、传媒产品开发、传媒产品组合三个方面。

（1）传媒产品的三个层次。

第一，心理满足。提供传媒消费者希望通过品牌所能实现的基于信息与观点需要的利益，使消费者获得心理利益。第二，功能满足。传媒产品质量、产品特色、外观形象、品牌名称和包装等有形的实体形象为消费者提供实际利益。第三，增值满足。媒体消费者通过购买品牌产品获得额外服务和利益，这是传媒产品的外围层次。

（2）传媒产品的开发。

第一，市场定位。在新闻、娱乐、科技、教育、军事等领域找准传媒产品的位置。第二，明确创意概念。市场细分后明确创意概念，如是理性的还是感性的，其创意调性是什么，核心创意理念有哪些等。第三，确定概念产品。是形象塑造还是扩大产品的影响力，是增加受众品牌忠诚度还是提升品牌的美誉度等。如中央电视台第四频道“相信品牌的力量”是央视网影视制作中心为企业量身打造的一档独具特色的电视栏目，其实质是强化央视在企业广告中的领导地位。第四，明确实体产品。它指传媒品牌视觉设计的造型、颜色、字体、大小、调性、各元素的组合等，包括传媒品牌的属性及品牌价值。第五，投放市场。提升传媒的品牌效应、好评度和忠诚度，从而形成对传媒品牌的黏合度，以利于增强传媒品牌的核心竞争力。

（3）传媒产品的组合。

第一，两个向度。传媒产品由传媒公司制造和销售，传媒产品线和产品项目都包含其中。它具有两个向度：一是产品组合长度，即传媒产品同一产品的延长线；二是产品组合宽度，即传媒产品不同行业的拓展面。第二，组合策略。一是核心产品策略，通过一至两个核心产品影响整个传媒产品组合；二是结构一致策略，传媒产品组合在品牌价值、互联网分销、群体使用以及价格高低等方面具备共性关联度；三是生命周期策略，根据产品生命周期的不同特性，媒体产品在不同的阶段采用不同的战略，以最大程度实现对媒体产品的动态控制，做到媒体产品的最佳组合。

2. 传媒价格策略

（1）价格的定义。

从狭义上说，传媒价格是提供产品或服务时确定的单位销售额度。从广义上说，传媒价格是消费者在交换或使用产品或服务时所需要付出的总价值量。通过合适的价格策略实现产品销售，获得传媒品牌的最佳收益。

（2）传媒产品定价的影响因素。

第一，可控因素。一般是指传媒企业的内部因素，营销主体在设置价格时，企业自身能够直接把控这些因素。第二，非可控因素。一般是指传媒企业的外部因素，营销主体在设置产品价格时这些因素可能变化多端，企业不容易直接把控。第三，渗透定价策略。传媒产品作为一种新产品投入市场时往往通过低价出售增加销量和市场占有率，从而在短期内实现销量及市场占有率的最大化。

3. 传媒产品分销策略

分销策略主要涉及定价、数量、渠道或地域，以及各自或交叉的组合，在此基础上，传媒企业对分销渠道的选择与管理、对目标市场顾客需要的满足程度，决定了销售是否成功。

（三）品牌传播

1. 传媒品牌识别

传媒品牌传播以品牌的各要素以及品牌的识别系统为传播内容，利用广告宣传推广品牌的影响力，通过公共关系扩大品牌在受众中的影响；新闻报道突出品牌特性，社会事件制造品牌热点，促销推进品牌的接受程度，销售服务增加品牌的附加价值、获取品牌的经济效益。通过多种传播手段和渠道，使传媒品牌内涵和用户之间能够进行较好的交流沟通，进行品牌资源的最佳融合，提升品牌的知名度、好评度、忠诚度和用户黏性的传播活动，被视为传媒品牌识别。

2. 传媒品牌形象传播

通过市场营销中的“独特销售主张”找准传媒品牌的利益点，提炼传媒品牌形象传播的主题诉求；通过媒体活动策划制订活动的内容及实施流程，与赞助商商讨合作方式（冠名、栏目合作、内容合作、市场推销合作）；通过多种手段整合推广传媒品牌形象，形成合力，形成、巩固、提高目标受众的品牌忠诚度，进而形成传媒品牌资产。运用一切可以使用的传媒与途径，实施传媒品牌接触、品牌认知与品牌体验活动。

3. 传媒品牌体验营造

（1）一体化传播。通过传媒品牌平台的体验形成一体化传播效应，如《读卖新闻》品牌体验平台的混搭与一体化效应。读卖新闻集团每年都要举办大量的品牌推广和体验活动，一方面提升“读卖”在公众中的品牌形象、知名度和影响力，另一方面也促进了报纸的发行以及读者的开拓和培育。

（2）进行横向合作。

除了归属于母品牌的直接体验活动，国际一流的传媒集团还会协调各业务单位进行跨界的横向体验计划。无论是跨品牌的协调还是跨区域的协调，都能体现集团母品牌的庇护效应。

（3）品牌体验广域沟通。

国际一流传媒集团的经验是将品牌体验拓宽为广域沟通，从内容到渠道再到手段均提供全方位的品牌体验，重点从关注顾客发展到关注利益相关群体，以吸引更多受众关注、喜爱和收视传媒内容。

（4）传媒集团内部品牌建设。

国际一流的传媒集团还会利用集团母品牌进行内部建设，将传媒集团的使命远景、价值观、文化观传递给集团内部的员工，让集团内部员工有使命感、归属感，形成企业文化。

（5）传媒集团的内涵建设。

通过传媒集团内涵建设，加深受众对传媒集团的品牌形象和影响力的认知、理解。如文广集团将专属计划和广域沟通视作集团“母品牌的生命线”。

（6）服务品牌和活动。

国内一流传媒集团已经将服务品牌和活动品牌纳入整个品牌体验架构，所体现的排他性的价值资产使得品牌体验在深度和差别方面都上升到新的境界，如解放报业集团的《文化讲坛》和《太空报》。

（7）与目标受众的有效互动和沟通。

现在的受众不仅自行投票选择媒体和传播内容，而且可以直接通过网络发表自己对新闻事件的看法，甚至直接发布新闻。技术进步为受众提供了更多、更好地利用媒介的机会，受众使用媒介的能力不断增强。因此，传媒需

要进行自我宣传活动，加强与读者的沟通与互动，增强受众的认识和理解。如《南方都市报》持续推出面向社会、读者、企业的主题活动，使目标群体在与报纸的互动之中获得直接有效的品牌体验，所策划的一系列活动提升了《南方都市报》对目标受众和广告主的影响。

4. 建立品牌资产管理系统

（1）品牌资产。

品牌资产由品牌、品牌名称和品牌标志构成，是一种无形资产，附加于品牌产品或服务，能够增加企业的产品销售，提高产品的溢价，实现品牌产品或服务的价值及用户价值。在内容为王、发行（渠道）制胜、广告支撑等平媒经营手段严重趋同时，品牌营销成为报纸寻求差异化和打造核心竞争力的一把密钥。历经晚报和都市报的兴盛时期，厚报时代报纸品牌的核心竞争力离不开极具公信力的新闻与服务，“受众第一”就是《广州日报》在厚报时代差异化的胜出之道。

（2）品牌资产管理职责。

品牌资产管理是指对整体品牌战略实施和品牌资产提升进行全面规划、执行和完善的工作。对品牌结构进行规划，结合品牌形象，明确提出品牌原则，解决战略问题（如品牌绩效管理体系），贯彻、调整和改善品牌战略。确立品牌管理制度，制定品牌管理文件，确立品牌管理和品牌运用等，执行品牌扩展、延伸原则。建立具有核心价值的母品牌，能够适应公司的战略发展需要。确定品牌识别体系的架构、规划品牌识别系统、处理与品牌传播机构的关系。解决品牌扩展、延伸中的维护问题。建立品牌体验平台，进行品牌资产评估，监控品牌传播战略实施。

（3）品牌资产管理系统。

品牌资产的管理是一个庞大而复杂的工作，涉及品牌资产的方方面面，包括品牌资产组成系统、品牌资产形象系统、品牌资产评估系统、品牌资产运作系统、品牌资产营销系统、品牌资产维护系统、品牌资产扩展系统、品牌资产审计系统，等等。

（四）传媒品牌构建策略

品牌传播策略包括以下几个方面。

1. 广告活动

传媒企业通过广告树立良好的品牌形象，并以此向消费者推荐与传媒产品信息和内容有关的一系列广告活动，增加品牌传播的影响力。传媒企业进行广告活动时需要思考三方面因素。一是广告预算，传媒促销所需要的所有成本预算以及投入产出比。二是能与自己的传媒产品相匹配，要思考促销过程中哪些内容和活动能与自己的传媒产品相匹配，哪些促销能够带来更大的经济和社会效益。三是能表现自己传媒产品的特征，要思考促销中如何体现自己传媒产品的特征，通过什么方式将这些特征展示给受众，并让受众认知、理解和接受。

媒体的形象广告能够呈现媒体自己的个性和风格，对受众了解和认同媒体起到非常重要的作用。媒体形象广告，可以在自己媒体上刊登，也可以通过其他媒体刊登。如央视不仅发布其他媒体的广告，也通过新兴媒体发布自己媒体的广告。再如一些报纸在自己媒体上刊登其他媒体广告，同时在互联网媒体上刊登自己的广告。运用有效的广告资源提升传播效果，让受众将广告和传播形象二者联系起来，对各个媒体的标识进行辨识，并从中做出选择，增加传媒品牌影响力和公信力。对于新产生的媒体，受众仍旧可以通过媒体的定位或广告确定媒体的传播方向和侧重点，通过观看、阅听来选择媒体。

2. 销售促进

销售促进是媒体通过各种短期性的刺激手段和方式宣传传媒品牌的产品或服务，使消费者产生购买传媒产品或者服务的冲动、欲望，最终进行购买。但是，在促销时，要考虑内容和渠道，也就是说需要考虑促销活动的时间和频率、促销活动的时间限制、促销活动的支出、促销活动的人员安排、促销活动的宣传工作。

促销活动可以邀请受众参与，形成良性互动，为受众提供相应的服务，提升品牌的亲和度及受众的忠诚度，并通过提供品牌体验实现受众对传媒品牌的亲密接触，提升市场占有率。如一些报纸为了加强与读者的互动，举办一系列活动。第一，创办读者俱乐部，举办读者座谈会活动等，将单向传播转变为双向互动，增强读者的参与感和参与意识。如《钱江晚报》邀请来自政府各部门、各领域的人士参与，对报社提出建议和批评，还邀请部分读者发表评论或意见，使得新闻报道得到改进，读者也成为报纸管理团队的重要成员。第二，一些报社对订阅者赠送小礼物，显示对读者的关怀，提升读者兴趣。例如,《京华时报》推出订阅报纸赠送礼品活动，向每位订阅用户赠送读者消费卡，读者可以在京东数以千计的商家享受消费折扣。第三，根据目标受众感兴趣的内容，策划系列活动，吸引更多的受众，增加报纸品牌的社会影响力和读者忠诚度。例如,《钱江晚报》推出“名楼名车馆”和“购房直通车”，为市民购房买车提供资讯和方便。

3. 公共关系

公共关系是传媒企业通过一系列面向社会大众的活动，提升传媒的企业形象，推广传媒产品或服务，如事件营销，包括名人效应、新闻事件、公益活动、社会赞助等几个方面。凤凰卫视曾经推出“千禧之旅”“欧洲之旅”“寻找远去的家园”“两极之旅”等大型活动，极大地提升了凤凰卫视的品牌影响力。凤凰卫视举办的大型活动规模巨大，宣传活动集中，提升了知名度以及收视率。开播前高密度放映一系列制作精美的宣传片，还有文艺表演，建立起多层面、立体化的宣传框架，充分利用所有新闻资源，最大限度满足观众的要求，并将单个节目的热效应推广到频道，提高了整个频道的人气，形成了规模效应。

4. 互联网互动

互联网技术的不断发展推动各大互联网媒体的兴起和发展，互联网媒体的传播力大为增加。通过互联网，运用多媒体、超链接等电子技术实现信息内容两端的个人或组织相互连接、有效交流、相互影响及相互作用。这是一种动态的信息交流过程和方式。互联网互动是互联网传播的重要功能，也是个人、组织以及互联网通信中的社会关系之间进行交流的重要手段。人与人的关系通过互联网连接起来，在动态的发展中促进互联网社会体系的形成。在此基础上，可以组建各类虚拟组织群体、虚拟社区。人们都能够依据自己的兴趣和爱好，通过互联网自由选择信息和内容，互动传播，实现交流和沟通。

互联网传播是对传统的大众传播议程设置的改革和更新，形成了三种新的议程：自由议程、组织设定的议程和无议程。互联网上的自由议程是用户通过互联网对感兴趣的信息和话题进行积极和大规模的收发，满足个人需求或者引人注意，并对引发的各种各样的问题进行讨论并试图解决。这是一种个性化的议程，是自由的，不受媒介组织干涉，也不受时间和程序的控制，其出发点是满足和强调个人交流的自我意识和主动性的个性化需求，突出个人进行传播的自觉性和主动性。设定议程以互联网为参照，可以发挥大众传播、人际传播和组织沟通的作用。其中，大众传播的作用在网站与其用户之间的联系上表现得最为明显。例如，人民网、东方网和新浪网，在信息发布的内容和形式上，在话题的选择和报道方式上，都各有侧重点。报纸、广播、电视等媒体现在都是在线的，占据了互联网信息普及的大部分。以往在交流中使用的议程设置方法，在互联网上也得到了扩展。但受互联网交互作用新特性的限制，呈现出一些新颖独特的表现形式。无议程互动指的是人们在上网时，往往是无意识地进行浏览、传播和接收，不自觉地被互联网牵动，或随心所欲，不为自己设定议程，不被传媒组织的议程所动，也不给别人设置议程，这种互联网交往是一种单纯和任意的互动。

5. 直销营销

直销营销又称直接营销和直接式营销，指的是传媒品牌直接运用可确定地址的媒体传递信息给客户。直销营销和平常的广告传播不同，并不借助第三方媒体，一般也不在公开市场、广告栏或者广播电视媒体上发布信息。其方式包括：一是数据库营销，进行一对一营销、个人化营销和关系营销；二是忠诚度营销，利用使消费者建立品牌忠诚度的方式获得更高的销售量及利润额，营销数据库及其他数据处理技术在其中可以发挥重要作用，针对消费能力强的消费者进行更直接的沟通，运用专门设计的程序或活动建立品牌忠诚度。

第六章

传媒融合研究

互联网及移动互联网技术的不断革新推动着行业的持续发展，传媒生态更具新时代特征，逐步走向数字化与互联网化。媒体融合已是当前新媒体技术发展的大势。依托于新技术的新媒体具有传播方式灵活多样、传播效果显著、传播成本低等优势。与此同时，传统媒体的生存环境也更加艰难。在新的传媒环境下，受众行为习惯、传播方式等都发生了巨大变化，传统媒体若想突出重围，需要在传播内容、传播渠道等方面做出改变，需要结合新媒体技术实现媒体融合，向全媒体转型，以在新的传媒环境中更好地发展。

一、媒体融合的背景

（一）媒体融合的政策背景

1996 年 1 月 15 日，我国第一家报业集团——《广州日报》报业集团成立。1999 年 6 月 9 日，中国第一家广播电视集团——无锡广播影视集团成立。这表明中国媒体开始加速向集团化和产业化发展。

1999—2001 年，中央政府发布了一系列关于推进传媒集团化发展的文件。《中共中央办公厅、国务院办公厅关于调整中央国家机关和省、自治区、直辖市厅局报刊结构的通知》提出政报分离、走向市场、自负盈亏的原则，体现了新闻媒体产业化的思路;《关于加强广播电视有线互联网建设管理的意见》《关于深化新闻出版广播影视业改革的若干意见》等文件，更是明确了推进传媒集团化的发展目标及运营模式。

2009 年 4 月，新闻出版总署发布《关于进一步推进新闻出版体制改革的指 导意见》，鼓励打破分割，进行跨地区、跨行业、跨媒体组织，建立传媒集团，努力争取用3~5年的时间实现6~7家传媒集团资产超百亿、销售额超百亿，加快传媒产业结构调整与转型。

2013年11月，党的十八届三中全会通过了《中共中央关于全面深化改革若干重大问题的决定》，提出推动传统媒体和新兴媒体融合发展。

2014年4月14日举行的“推动媒体融合发展座谈会”认为，当前媒体的发展需要将传统媒体与依托于新传媒技术的新兴媒体的优势相互结合补充，并且统一发展，以先进的传媒技术为支撑，实现信息化建设，充分整合利用传媒资源，以开创传媒发展新格局。

2014年4月23日，国务院办公厅发布的《加快推动传统媒体和新兴媒体融合发展》指出，媒体整合是一个十分必要的战略任务，应该认清当前媒体融合发展的形势，积极更新观念和认识，运用先进技术推动媒体融合发展；更加重视信息内容，以提升核心竞争力；在组织管理方面，逐步建立有利于媒体融合发展的框架体系。

2014年8月18日，中央全面深化改革领导小组第四次会议通过了《关于推动传统媒体和新兴媒体融合发展的指导意见》，明确提出以“先进技术为支撑、内容建设为根本”，推动传统媒体和新兴媒体融合发展，要遵循新闻传播规律和新兴媒体发展规律，强化互联网思维，坚持传统媒体和新兴媒体优势互补、一体发展，坚持先进技术为支撑、内容建设为根本，推动传统媒体和新媒体在内容、渠道、平台、经营、管理等方面深度融合。

2015年10月29日，中国共产党第十八届中央委员会第五次全体会议通过“十三五”规划，提出“公共文化服务体系基本建成，文化产业成为国民经济支柱性产业”的发展目标。在文化产业方面，建设现代公共文化服务体系，加快发展现代文化产业以及新兴产业，如互联网视听、数字出版等，推动传统产业如出版、影视等转型；建立“内容+平台+终端”的新传播体系，打造新型主流媒体和传播载体。

2019年1月25日，中共中央政治局在《人民日报》社举行了主题为“全媒体时代和媒体融合发展”的集体学习，强调“推动媒体融合发展，建设全媒体成为我们面临的一项紧迫课题”，可见媒体融合在国家战略上的突出位置。无论是中央新闻单位还是地方新闻单位，都在媒体融合的道路上积极探索。

（二）传媒环境变化——媒体融合的内在动因

1. 科技进步是传媒发展的动力

互联网的发展以及相伴而生的数字技术、通信技术，为电信业带来了更广阔的前景，新业务层出不穷，也促使新兴媒体诞生，如互联网电视、手机车载广播电视等。移动互联网技术的不断发展与变革丰富了手机的使用功能，从开始只具有短信与通话功能到后来可以上网，现在手机的智能化程度日益提升，用户体验更加良好。

随着手机、移动数字电视等移动电子设备的普及，无论何时何地大众都可以通过互联网获取信息，移动设备变成了媒体，传统媒体转型为新兴媒体。移动短视频、H5 等多样的信息呈现形式，使得信息传播更加迎合受众的接触方式；大数据技术的出现为信息的精准传播、个性化服务提供了便利；无人机等先进设备运用于信息采集与制作，使得信息生产更加高效便捷。社交媒体赋予大众话语权，每个人都有表达的窗口，可以进行信息的发布与传播，同时也催生出不同领域的“意见领袖”。他们在各自领域具有强大的影响力。以上诸多变化使传统媒体的社会功能被削弱乃至受到威胁，媒体的融合发展成为时代议题。

互联网技术的变革与突破推动着传媒环境的发展，新兴媒体为大众提供交流的便利，接收信息、发布信息、利用信息等方面都产生了巨大改变。我们已经步入新的传媒时代，可以进行人与人之间的实时互动。

2. 新媒体的兴起解构传统媒体生态、形态结构

传统媒体指的是报纸、广播、电视等，新媒体指的是互联网、移动互联网等。现今，传统媒体生态逐步走向智能化，而新媒体更具市场竞争力，逐步抢占传统媒体的市场，传统媒体的发展受到威胁。新媒体具有实时传播、多向互动等特点，更加契合当前大众快节奏和开放的生活状态，逐步改变大众的行为习惯。互联网已成为人们获取新闻资讯的主要媒体之一。与此同时，

在新媒体的冲击下，以往属于报纸、电视等传统媒体的观众逐渐流向新媒体，报纸订阅量锐减，电视收视率与广播收听率下滑，广告传播效果自然也逐渐减弱，广告主更加愿意在成本低、效果好的新媒体上投放广告，依赖广告为生的传统媒体在市场竞争中处于劣势。

随着移动互联网技术的日益成熟，新媒体的优势更加突出，传统媒体的市场将进一步被新媒体蚕食，传媒生态将被重构。目前，互联网媒体在市场上占据重要地位。有数据显示，1997 年中国互联网第一条广告拉开了中国互联网广告的序幕，互联网广告市场经过 20 多年发展取得了长足的进步。2016 年我国互联网广告市场规模达 2 902.7 亿元，首次超过广播电视广告。[①]互联网技术广泛运用在广告传播中，互联网广告得到突飞猛进的发展。2018 年我国互联网广告总收入突破 3 000 亿元，达到 3 694 亿元，较 2017 年增长了近 25 个百分点。[②]2019 年我国互联网广告总收入约 4 367 亿元人民币，比 2018 年增长 18.2%，互联网广告所占比重已超过 50%。[③]2020 年互联网广告收入 4 971.61 亿元（不包含港澳台地区），比 2019 年度增长 13.85%，增幅较 2010 年减缓 4.35 个百分点。[④]2021 年互联网行业实现了 5 435 亿元人民币的广告收入，相比 2020 年实现了 9.32%的增长。[⑤]互联网广告成为中国广告市场强大的生力军。可以看出，以广告为营利渠道的传统媒体，因为新媒体的蓬勃发展而举步维艰。但是，新媒体发展的优势也让传统媒体看到了新的发展方向，即与新兴媒体强强结合，取长补短，融合发展，提升自身的竞争力，重构传媒发展格局。

在人类传媒的发展进程中，技术的一次次革新以及应用的逐步升级，改

---

① 中国产业信息. 2016 年中国互联网广告运营商市场发展规模及发展现状分析[EB/0L].（2017-01）. http：//www..chyxx.com.

② 中关村互动营销实验室. 2018 中国互联网广告发展报告[DB/OL].（2019-01）. https：//www.sohu.com/ a/288064158_120047298.

③ 中国市场监管报. 2019 中国互联网广告发展报告[DB/OL].（2020-01）. https：//baijiahao.baidu.com/.

④ 人民网. 2020 中国互联网广告数据报告[DB/OL].（2021-01）. https：//baijiahao.baidu.com/s? id=168867 0689936102584&wfr=spider&for=pc.

⑤ 三言财经. 2021 年互联网广告收入超 5000 亿元[DB/OL].（2022-01）. https：//www.sohu.com/ a/516659464_100117963.

变了信息传播方式。新技术运用于信息传播，人们获取信息的渠道发生了巨大变革，行为习惯也逐步改变，影响着社会的整体发展。1967 年美国 CES 技术研究所所长 P.Goldmark 在电子视频商品开发计划中首次提到 New Media（中译为“新媒体”）。1969 年，美国传播政策总统特委会主席 E.Rostow 在向总统做报告时，也曾多次使用“新媒体”这一概念。[①]这一概念在我国的大范围传播则缘于 20 世纪 80 年代互联网技术在国内的兴起。

首先，国内学者通过对日本经济的研究初步认识新媒体。国内学者冯昭奎在《新技术革命对日本经济的影响》一文中写道：“新媒体依托于新技术诞生的传播信息的媒体与工具，比如卫星通信、计算机互联网。新诞生的传播媒体与传统媒体相比，具有更加丰富多样的功能与作用，甚至可以同时实现多个传统媒体的传播功能。新媒体用户通过一个设备实现了多种需求，如计算机互联网可以同时具有电视、报纸、广播的功能，用户可以通过计算机收看电视、阅读信息，等等。”冯昭奎还提到：“以前人们经常认为‘信息化’就是‘计算机化’，随后人们逐渐认识到通信技术的重要性。计算机跟通信技术的联合才是实现信息化传播的关键。而‘新媒体’一词逐步在日本报刊上高频出现，也充分体现了通信技术发展势头迅猛，发展方向更是丰富多样。”[②]20 世纪 90 年代中期，我国全面布局互联网，新媒体与互联网之间的联系更加密切。

1999 年，国内学者明安香认为：“新媒体应该包括计算机通信网及互联网、通信卫星和卫星直播电视系统。”[③]在互联网发展初期即个人电脑时代，人们认为新媒体就是互联网媒体，如博客、论坛；随后，个人电脑端用户由于移动互联网逐步发展开始流向移动端，催生了新的更加便于信息传播与交流的媒体形式，如微博、微信，这些同样被看作新媒体。

由此可见，新媒体概念经历了一定的演变过程，在不同阶段借助不同的技术。因此，新媒体是一个相对概念，是相对传统媒体而言新出现的媒体，

---

① 明安香．信息高速公路与大众传播[M]．北京：华夏出版社，1999.

② 冯昭奎．新技术革命对日本经济的影响[J]．机械与电子，1986（5）.

③ 明安香．信息高速公路与大众传播[M]．北京：华夏出版社，1999.

是随着新技术的发展与升级而诞生与演变的新的传媒。就报纸而言，广播是新媒体；就广播而言，电视是新媒体。

但是真正意义上的新媒体是结合了新技术的新兴媒体，其信息传播方式更加灵活；实时与互动是其最突出的特征，信息的实时传播以及多向互动提升了传播效率与用户体验感。从宏观的角度，目前人们所认为的新媒体是媒体发展与演变过程中更新的一代。互联网技术与通信技术的发展引起了信息传播模式的革新，催生出各种媒体形态，“新媒体”即对这些媒体形态的统称。新媒体在传统媒体的信息传播模式基础之上逐步发展与创新，并朝着更利于人文、科技、社会发展的方向迈进，其内涵与范畴在未来发展中将不断丰富与扩大。智慧媒体、自然媒体、环境媒体将是下一代媒体的演进方向。

3. 受众信息需求的变化改变用户的阅读习惯

智能电子设备在国内的覆盖范围逐渐增大，这使得新媒体的发展更加迅猛，传统媒体的生存深受威胁。在新媒体的发展过程中，不同的新媒体可以满足受众的不同需求，市场逐渐被细分，媒体逐渐走向分众时代。互联网承载着海量的信息，并且在实时更新变化，为用户获取信息提供了极大的便利，也扩大了信息可选择范围。但是，不同人的信息需求是不一样的，一些媒体并没有看到受众需求的差异性，信息传播没有针对性地满足这种差异性，因而失去了原有的受众。此外，新媒体的出现让受众具有多重身份，就以往传统媒体而言，受众只是单向的信息接收者。而新媒体为受众提供表达平台，使得信息不仅可以实现双向甚至多向、实时传播，受众是信息的接收者，也是传播者。现在用户生产内容（UGC）与专业用户生产内容（PUGC）已经是内容生产行业的一种常态，所传播的信息内容更具特色。数字技术的不断发展与升级，也使得信息传播形式和呈现形式发生改变。短视频、H5、VR等新形式的出现更加丰富了受众的体验，受众的信息接收和反馈行为习惯也逐渐被改变。这为媒体的创新发展提供了动力与方向。

4. 媒体形态与生态环境变化促使媒体融合

互联网的建设与发展离不开政府推动。提升宽带覆盖率，普及互联网，倡导“三网融合”发展，逐步完善相关法律法规，营造并维护良好的互联网生态，都是各级政府近年来努力的方向。

目前，新媒体带来了更具多样性、灵活性的传播模式，加剧了市场竞争，也重构了以往传统媒体占据主要地位的媒体生态格局。随着时代的发展，媒体与人们的生活联系更加紧密，受众逐渐变成市场主体，其需求与兴趣也逐渐多元，更加追求个性的满足。能够满足受众不同层次需求的媒体才能拥有更多的受众，赢得更大的市场。因此，面对以受众为中心的市场，媒体的发展需要着眼于受众，运用先进的传播方式提供符合其行为习惯以及需求的信息内容等。

互联网、手机等新媒体形态不断发展壮大，使得由电视、报纸、广播组成的以传统媒体为主的传媒生态被瓦解、重构，而传统媒体也在市场竞争中逐步转型，主动改革与创新，以求得更好的发展。传统媒体与新媒体在激烈的市场竞争中，一方面相互追逐，一方面合作交流学习，以实现相互促进，共同发展。

随着市场经济体制改革的深入，受众在市场中占主导地位，传媒产品也逐渐具有商品属性。一方面，各种形态的传媒在信息传播方式与内容等方面做出努力，以吸引更多受众；另一方面，传媒企业不断创新自身营利手段与方式，吸纳更多资金以求长足发展。在这样的市场环境下，众多媒体显然追求利益的多重实现，互利共赢的合作已是各类媒体的共同追求。

放眼国内外传媒行业与市场，不同的媒体形态为了更长远的发展而走向融合，取长补短，在产品、组织、传播等方面相互融合交流，媒体融合的深度与广度不断延伸，也逐步拓展其内涵与外延。

（三）媒体融合的外部力量

1. 传媒集团化促进了传媒产业的发展

在过去的媒体生态下，传统媒体在内容生产、内容发布、广告营销等方面的运营是单一的，往往一种模式用于所有的运营场景。新媒体的加入使得媒体环境发生改变，各类媒体更加注重营利，也必然会精细化自身的运营模式与策略。新媒体的迅猛发展逐步威胁到传统媒体的地位，使其面临生存压力，逐步认清发展现状，改变固有观念与理念。新媒体以开放融合、合作共赢的姿态走向数字化、智能化。新媒体与传统媒体联合发展，相互竞争的同时又相互促进，这样的媒体环境提供了媒体持续创新的动力。

媒体集团化的发展起源于欧美。20 世纪 90 年代，欧美一些发达国家的政府为媒体集团化发展提供政策支持，具有强大实力的媒体吞并弱势媒体，最后诞生了众多组织庞大，纵横行业、地区甚至国际的媒体集团，由于信息的制作与传播几乎掌握在它们手中，形成了垄断。紧跟欧美的发展，亚洲国家如日本、新加坡等也相继颁布许多相关政策，促使形成了垄断性的媒体集团，加速了媒体集团化的发展。

中国加入世贸组织之后，国外传媒集团将目光投向了中国，这加剧了媒体之间的竞争。面临国外传媒集团对国内传媒资源的争夺，国内各类媒体逐步改变自身单一的结构与管理，传媒集团快速崛起。虽然我国媒体集团化与产业化的发展并未完全按市场化模式运营，在许多方面还带有行政命令的印记，但媒体向集团化、产业化的发展使得资源分配更加合理、运营更加高效，提升了传媒效益，推动了我国媒体行业向产业经济发展。

2. 传媒产业的发展促进了媒体整合、融合进程

在媒体产业化改革过程中，传统的媒体形式如报纸、电视与新兴的媒体形式如互联网形成统一体，实现了信息与资源的互通互享，相互促进，相互发展。受经济利益的驱使，许多具有强大竞争力的媒体企业以并购或创办实体的方式涉足其他领域，拓宽传媒行业的发展路径，使得传播方式更加多元，也使得媒体融合快速发展。如新华社在全球许多地方都设有分社，凭借这一巨大优势组建互联网电视台，加入世界互联网电视领域的激烈角逐中。

现今，媒体融合已是大势所趋，传统媒体单一的运营模式渐入绝境。报刊具有丰富的新闻资源，这使得广播与电视努力寻找与之整合的途径与突破口。报业也逐步与新媒体联手，引进新的先进技术，实现报纸互联网化，找到新发展方向，稳固了行业地位。在“以报为本、多元发展”的导向下，中

国报刊已经逐步从起初的网上新闻转向到报纸与互联网互动，再到报纸与互联网融合，依靠自身的核心实力形成品牌。

广播、电视这两大传统媒体将目光转向了移动互联网，积极寻求与之联合发展，它们依靠多元传播的路径和先进的通信技术，开办互联网电视和互联网广播，拓宽了内容直播的形式以及产品的发展方向。行业间相互联动促使我国媒体融合快速发展。“三网融合”体现了政府鼓励打破行业壁垒推动行业自我完善的决心。在国家政策鼓励与移动通信技术升级的背景下，三大产业相互联动发展，行业与市场都实现了深度融合，更多具有创新性的产品如雨后春笋，用户体验日益丰富。

互联网、手机作为新媒体与传统媒体不同的是，它们的运营方或用户自身不具有独立的新闻采访权，新闻专业水平不够，因此它们在传媒产业的发展需要支持。在互联网世界，一方面海量信息使用户获取信息更加便利；另一方面，信息质量参差不齐使得用户寻找有用信息变得困难。在这样的情况下，以腾讯网、新浪网为代表的互联网媒体与多家传统媒体达成战略合作关系，将其更具专业性与权威性的内容与互联网媒体自身产品整合，提升了自身传播内容与产品的品质，形成实力强劲的传播载体。

二、媒体融合概念

20 世纪 80 年代，美国首次提出媒体融合的概念。虽然该概念诞生较早，但 学界与业界各有定义，迄今仍未有被广泛认可的定义。

（一）国外的观点

1978 年，麻省理工学院媒体实验室的创办人尼古拉·尼葛洛庞蒂（Nicholas Negroponte）出版了《数字化生存》。他以三个相互交叉的圆分别代表电脑业、广电业、出版业，通过图示它们相互重叠趋于融合的过程，表达了他对“媒体融合”的构想。①

① 尼古拉·尼葛洛庞帝．数字化生存[M]．胡泳，译．北京：电子工业出版社，2017.

1983 年，美国传播学者伊契尔·索勒·普尔（Ithiel De Sola Pool）教授在《自由的科技》一书中首次提出“媒体融合”这一概念，指出各种媒介在发展过程中呈现出多功能一体化的发展趋势。①

媒体融合的倡导者堪萨斯大学新闻与传播学院前任院长詹姆斯·盖特雷(James K. Gentry)认为，媒体融合是一种能力，“一种可以通过报纸、电视、广播、网络、个人数字助理以及其他一切可能出现的平台进行信息传递、广告售卖能力”②。

美国传播学者道尔（Doyle）认为，“媒体融合是指电子通信技术、计算机技术和媒体融合”，融合是为了“将生产成本分摊给更广泛的产品市场和地区市场，理所当然，媒介公司也可以从规模经济和范围经济中受益”。③

美国媒介融合研究专家杰金斯（Jen Kins）教授将媒体融合定义为：媒体融合是跨越多个媒介平台的内容流动，多种媒介产业之间的合作，以及媒介受众的主动信息。④

美国西北大学李奇·高登（Rich Gorden）教授将“媒体融合”划分成“五种融合”。⑤

1. 所有权融合

指各类媒体所有权为同一组织，其组织内部的各类媒体进行融合发展。许多大型传媒集团如美国俄亥俄州的新闻电讯集团具有多种媒体类型，因而在业务、运作模式以及传媒资源上可以相互共享与合作。它融合了位于同一地方的报纸、电视台和网站等媒体，使之相互促进，共同发展。

---

① POOL IS . International Trade and Industrial Upgrading in the Apparel commodity Chains[J]. Journal of Indernational Economics，1999.

② 章玉炎，等．媒介融合：从优质新闻业务、规模经济到竞争优势的发展轨迹[J]．中国传媒报告，2006（3）.

③ DOYLE . Media ownership：The economics and politics of covergenoe and corcentration in the UK and European media[M]. London：SAGE Publication. 2002.

④ JENKINS . Convernce culture：When old and new media colide[M] . New York University Press. 2006.

⑤ GORDEN R . The meanings and im- plication of convergence[J].In K.Kawamoto，Ed.，Digital journalism：Emerging Media and the Changing Horizons of Journalism，2003.

2. 策略性融合

指各类媒体并不属于同一组织，它们相互之间在信息资源上达成合作共享，如不同归属组织的报社与电视台联合发展，互享报道内容与信息资源。

3. 结构性融合

指各类媒体在组织结构、新闻分配上的联合。在这种融合下，新闻记者还可能以专业者的身份与合作方进行深度访谈，深度解释分析新闻信息。

4. 信息采集融合

指信息的采编写等过程的融合。主要是指信息发布之前，编辑需要利用融合文字编辑、视频摄影等功能的多媒体，实现信息的采编写，如同身兼摄像、采访、编写等数职的“超级记者”。

5. 新闻表达融合

主要指记者和编辑需要综合运用多媒体、与公众互动的工具和技能，完成对新闻事实的表达。

（二）国内的观点

“媒体融合”的概念有狭义与广义之分。狭义上是指不同形态的媒体之间相互融合发生质变，从而诞生新形态的媒体，如电子杂志、电子报纸等，是从低级逐渐发展到高级的过程。广义上的媒体融合涉及范围更加宽广，包括所有传媒以及其相关要素如传播方式、媒体结构、运营模式等的联合、汇集，是全方位的融合，① 是发展的高级阶段。

喻国明教授在《传媒经济学》一书中指出，媒体融合是指不同形态的传媒赖以发展的技术逐渐趋同，信息技术、数字技术使得获取信息的时间、空间以及成本被改变，同一平台可以搭载整合不同信息，不同形式的媒体加强

① 崔磊，舒咏平．新媒体广告及其融合服务初探[J]．湖北师范学院学报：哲学社会科学版，2011（3）．

互通互联，逐渐向媒体一体化方向发展整合，不同形式的媒体彼此之间的互换性与互联性得到了加强，媒体一体化的趋势日趋明显。

丁柏铨将媒体融合分为以下几个层面：

第一，物质层面的融合，即工具层面的融合。媒体作为传播信息和观念的工具，得益于新媒体技术的发展，功能被打通、相交融，你中有我、我中有你。报纸互联网版、电子报自不必说，互联网电视、互联网广播也是如此。"电视可以在互联网上同步视频直播，也可以在播出后随时点播收看；传统广播也与互联网结合，出现了互联网广播。互联网广播有两种形态：一是广播节目的在线直播和点播，二是专门的互联网电台"电视已不是通常所见的电视，而是和互联网联姻，受众可以随时掌握收看的主动权，对线性传播的特点有所突破的电视；广播也不是原先意义上的广播，而是借助于互联网可以把声音传得更远的广播。物质（工具）层面的融合是媒体融合的基础，也是媒体融合中一项相当重要的实质性内容。

第二，操作层面的融合，即业务（包括传播业务和经营业务）层面的融合。媒体融合要求新闻从业者掌握为不同媒体做报道所必须掌握的操作技能。它不同于以往为单一媒体和特定媒体供稿，要能撰稿、能摄影、能摄像、能编辑（根据不同媒体的要求而愉快地进行编辑），通文字、通声频、通视频、通互联网；媒体融合还要求媒体在进行经营时，要在机构设置、资本运营、具体操作等方面按媒体融合的要求整合、联动，而不是像以往那样各自独立运营。

第三，理念层面的融合，是指意识层面的融合。在现实生活中，各媒体之间在新媒体技术等方面共同作用，出现了融合的趋势，这一趋势，对于媒体形态确实产生了极其深刻的影响，或改变了原有的媒体形态，或催生了新的传媒形态，媒体负责人以及新闻从业者需要做出各种调整和努力去适应当前形势。对于媒体融合，我们需要更多地从客观规律角度出发加以认识和掌握。

陈伟军认为，媒体融合是新理念、新技术推动下的现实选择，具体体现在媒体战略转型、信息资源整合、业务技能更新等诸多方面。

张心哲认为，媒体融合是重新划分技术与内容，实现媒体产业的多元化扩张，并不是简单地扩大规模。

赵星耀认为，媒体融合的核心理念是各种传播媒体的融合，这有两层含义：就广度上而言，完全意义上的媒体融合并不是两种或者少数的传播体融合，而是多种甚至全部传播媒体的融合；从深度上讲，完全意义上的媒体融合是多种传播媒体最终合为一体，相互交融，而非合而不融。

李燕指出，目前国内关于“媒体融合”的一种误解是，想当然地认为是“报纸+互联网”“电视 + 互联网”“广播+互联网”的媒体形式和过程，忽视媒体间所有权融合、策略性融合、结构性融合、信息采集融合、新闻表达融合的行为，仅仅着眼于形式上技术层面的传播手段融合，并不能反映媒体融合的本质特征。

三、我国媒体融合的发展

一般将我国媒体融合的具体实践情况划分为三个层次，即媒体互动、媒体整合以及媒体大融合。层级越高，媒体融合的程度越深。但是这三个层级之间没有显著的区别，通常相互交错。

传统媒体与新媒体间相互关系的演进如下：

20 世纪 90 年代至 21 世纪前 3 年，“应对新媒体”——互联网新媒体流行，新媒体被传统媒体看作竞争对手。

21 世纪初，“利用新媒体”——互联网新媒体进一步发展，新媒体被严肃对待，传统媒体企业利用新媒体去寻找如何提高传播效果。

21 世纪的头十年，“成为新媒体”——新媒体被作为传媒主要发展计划和策略的一部分，“全媒体”发展进程启动，以“数字化”“互联网化”“信息化”为基石推动“新媒体化”。

（一）媒体互动

媒体互动指在内容和营销领域拥有不同所有权的媒体之间的互动与合

作。媒体互动是为了使不同媒体能够相互协助，以扩大受众群体，推广媒体产品，使双方都能获得益处。根据媒体之间的不同融合形态，又可将其分为三种类型。

1. 传统媒体之间的互动

中央人民广播电台的《新闻与报纸摘要节目》与凤凰卫视的《有报天天读》等传统媒体之间的互动由来已久，均属于广播与报纸、电视与报纸在内容方面的合作。由于传统媒体之间的互动，彼此的信息来源更加多元，从而扩大了受众面。

2. 传统媒体与新媒体紧密合作

从1997年到1998年，网易、新浪及其他门户网站陆续创办，但是因为作为运营方没有采访的资格，因此主要采取大量转载、将传统媒体新闻资源整合的方式，快速将自身影响力放大，并促进了报纸、广播电视等其他传统媒体与网站的交流沟通。 随着微博等自媒体以及SNS社区媒体的兴盛，新媒体完全依靠传统媒体内容的局面发生了逆转。新媒体的内容对传统媒体的输出正在逐渐兴起。更多传统媒体通过新媒体找到新闻线索，特别是在突发公共事件的新闻报道中，诸如微博等新媒体的作用越发明显。

3. 新媒体之间的协同发展

以互联网为中心，手机媒体能够与传统媒体形成“传统媒体—互联网——移动手机”的集成连接。2003年，我国第一份手机报《中国妇女报（彩信版）》问世。之后更多传统媒体跟风学习，与移动运营商合作发行手机移动报。手机与互联网早就有了最为直接的联系，互联网综合门户网站诸如新浪、搜狐等，早就成为手机媒体的内容提供商。随着通信技术的飞速发展，以及终端设备的创新，新媒体之间一定会相互协作，最终实现双赢的局面。

（二）媒体整合

媒体融合这个层次是指组织的结构融合，即媒体公司或集团要考虑媒体本身架构等因素，着眼于统一目标，最大程度限度分配资源，实现共享整合，最终显示出“1 加 1 大于 2”的效果。从当前发展趋势来看，媒体整合主要包含以下两种情况：一是本来属于不同群体的媒体通过自身利益的合并与调整，实现了多媒体业务。二是它们已经有各种媒体形式的公司或机构，通过平台协作，包装媒体产品，最大限度地利用资源。

在全球媒体整合的大趋势下，我国很多媒体集团也紧紧跟随媒体整合的脚步，媒体行业在采编业务等方面都发生了重要的变化。近年来，中央媒体着力建设各种多媒体平台，如中央电视台开设国家互联网电视台、《人民日报》社发行报纸电子版，等等。

进入 21 世纪以来，新华社实施跨媒体发展战略，主要有两种形式：一是以内容为竞争力的核心业务，依靠具有大量内容资源的新闻机构建立多媒体发展途径。二是积极拓展互联网和手机等新媒体业务，如新华社手机电视台、数据库等信息平台，在媒体整合方面做出了努力。但不可否认的是，新华社仍然受到现有媒体布局的限制，各种媒体资源并没有得到最大利用，开发市场的能力需要进一步提升。

（三）媒体大融合

随着宽带互联网、通信技术等的发展以及媒体整合进一步深入，媒体大融合成为现实。在这个进程中，互联网、媒体、通信三者之间的界限将进一步模糊，“三网”被整合，信息化与数字化特征突出，即不同的产品形式或者服务，比如文字、语音、数据和图像等都集中在一个统一的平台上进行处理集成，最终形成一个庞大的产业。

全媒体是在具备文字、图形、图像、动画、声音和视频等各种媒体表现手段的基础上，进行不同媒体形态（纸媒、电视媒体、广播媒体、互联网媒体、手机）的融合以及在融合产生质变后形成的一种传播形态。从满足用户需求的角度看，它通过提供多种方式、多种层次的传播形态，使得受众获得更及时、更多角度、更多视觉和听觉满足的媒体体验。 在传媒格局深刻变迁的背景下，传统报业遭遇断崖式下滑——这已经并将继续成为传统报业在未来一段时间必须面对的“新常态”。为应对这一新常态，一些有影响力的报纸，尤其是市场化程度相对较高的都市报纷纷开始寻求以全媒体为指向的转型之路。《华西都市报》全媒体集群的构建是都市报向全媒体转型的重要探索。

四、强化互联网思维推进媒体融合发展

（一）基于互联网逻辑的媒体融合发展趋势

目前，许多受众仍然只是将互联网当作普通媒体和传播渠道，认为互联网只是扩大自身价值和社会影响力的宣传平台和补充工具。然而事实并非如此，互联网在当下不再仅仅只作为一种媒体，从长远趋势来看，毫无疑问它将对世界格局的重构产生重大影响。

1. 互联网是一种激活个人元素的“高维媒体”

所谓“高维媒体”，是指互联网比传统媒体所面对的社会大众都要多出一个维度，也注定它将重新生成新的社会空间、价值空间和运作空间。传统媒体是以机构为单位搭建而成的传播系统。从形式上而言，它经历了书刊、报纸、广播、电视四个发展阶段，共同点是都以机构为单位进行生产和经营。但机构的经营必然受到一定规章制度的制约，因此经营者可以通过制定相应的规则和制度对它进行约束。互联网的出现打破了以机构为单位的媒体构成形式，激活了更为基本的社会要素——个体，并且使得每个个体都成为传播系统中的组成元素和基本构成单位。每个个体都可以通过互联网所创建的媒体平台进行意见表达。在一定程度上，互联网创造的一切价值和机遇都以社会基本元素——个体被激活为基础，每个个体所蕴含的资源、才能和价值在互联网时代都更容易被发掘、开发、利用和整合。互联网的一个显著特征是以“微”呈现，如微内容、微生产、微传播、微创新、微价值等，这都是个体被激活后所呈现的社会现象。

互联网监管难度越来越大，主要由于传统媒体的管理模式和管理策略基本上围绕机构展开，而没有将管理重心置于个体。当个体作为传播的基本要

素后，原有的管理方式将不再有效。互联网作为一个拥有无限潜能和价值的传播平台，如果只是简单地以传统传播方式去延展自身影响力的话，那么必定无法跟上互联网的时代潮流。现实情况表明，互联网与传统媒体大相径庭，是远远超越传统媒体的“高维媒体”。

2. “平台型媒体”是未来媒体发展的重要模式

所谓“平台型媒体”，主要指综合性共享平台，即不再只专注于单打独斗做内容建设和传播，而是制定相应传播规则、服务准则，向所有内容提供者和服务供应商开放平台，企业或个体都可以参与到开放共享的过程中来。平台型媒体被广泛提及，那么它究竟有哪些不同之处？以苹果公司为例，近年来，它主要将自身精力和资产投入到设计研发和充分满足社会需求之上，不仅打造了 Apple Store，而且通过 Apple Store 构建开放共享的运营模式，让所有符合其应用商店规则的企业都能入驻其中，这样也可以更好地满足用户的需要。如果苹果公司仅凭借一己之力来打造平台内所供应的 App，那么尽管能够制造出更高水平高水准的移动 App，但是所能提供的数量一定非常有限，远远不能满足消费大众的多样化需求。因此苹果公司开创的这样一种平台型媒体运营模式十分具有代表性和前瞻性。

互联网被当作“高维媒体”的同时，也为社会大众提供了巨大的机会。以知识生产领域为例，传统的知识生产更类似于《不列颠百科全书》中的少数精英生产模式，主要由少数精英阶级作为内容生产的主导者。而在互联网背景下，这种内容生产模式被完全打破，出现了以维基百科为代表性的共享式生产，这种模式充分利用个体手中的知识，让每一个个体都可以参与到贡献知识的行动中，这种既兼备高效率又具有低成本的生产方式彻底颠覆了传统的百科全书式生产模式。

精英式生产虽然是传统媒体领域主要的内容生产模式，在今天仍然具有一定的适用性，且社会大众仍然对其有效性深信不疑，不过它已经明显衰微。《纽约时报》是西方新闻专业主义的典范，但受到互联网发展的严重冲击，目前呈现出利润下滑的态势。实际上，《纽约时报》也在坚持融入互联网进程中，内容生产质量也并无问题，产生颓势的主要原因就在于它固守封闭的精英生产文化内容，传输的始终是少数人诠释世界的观点、看法，仍然是一种单向告知的信息传播方式。今天的社会大众不再仅满足于信息接收，也需要表达观点交换信息的平台渠道。不仅要知晓世界，而且要积极参与解释世界分享世界中；不仅要在传播中达到提高自身素养的目的，而且要把它作为融入社会互动的渠道。这些需求，都是传统精英生产所不能提供和满足的。互联网在互联互通的开放中不断形成新的社会功能，创造更高的社会价值。其开放性于媒体而言，让内容生产更加多元化多样化，从而与外部世界的丰富性、复杂性相匹配。如果未来媒体始终坚持开放性，那么将极有可能致力于采取“平台型媒体”的发展模式。

平台型媒体拥有明确的平台入驻标准，内容建设以法律法规为准绳，有专业的把关人和独特的经营方式。它始终坚持多元化且健康文明的经营规则，确保自身平台是一个健康良性的传播生态圈。目前普遍认为平台型媒体即代表着内容生产编辑的专业性和共享性，这样的定义是相对准确的。究其根本，其本质上确是一个开放性的服务性的社会综合平台。

（二）推进融合发展的内在原因：超越量变时代

当前，如何利用互联网技术实现自身生产、经营模式的深度变革，是关系到报纸、广播、电视等传统媒体生死存亡的大事，也是主流媒体在多元舆论场上能否发挥引导作用的关键因素。然而，迄今为止，传统媒体转型的结果并不尽如人意，尚未实现决定性、标志性的转型。

通过引入互联网技术和运营理念，传统媒体已经具备一定程度的互联网内容生产与传播能力。但每一个点都是单兵突进型的推进，试图以传统的内容生产方式为核心，通过延伸落地点和接触面来改善状况。

在传统媒体的原有基础上，上线官方网站、开发电脑端或移动端软件，或在不同互联网平台上开通媒体账号，如微博认证账号、微信公众号、头条号等，仅仅是将互联网视为传统媒体的包装工具，没有从商业模式、产业逻辑、业务流程方面深刻思考互联网与传统传播互联网的本质差异。传统媒体必须意识到互联网的节点化趋势、受众到用户的角色转变、用户需求本位等，传媒的互联网化才能取得根本性成功。

（三）推进融合发展的思维方式：强化“互联网思维”

“互联网思维”的核心即“互联互通”，因此产生的最大变化是将以往割裂、局部和相对零散的资源，利用互联互通的优势形成新格局。一些传统媒体被轻视、闲置的资源和要素也得益于互联互通被重新激活，创造出新的价值、迸发新的力量。

原来传统媒体的内容只能在自身系统或者杂志刊物上被查看，但互联网的出现，使得传统媒体可生产的和发布海量的公共信息，在为用户提供巨大便利性的同时，也大大提高了内容资源的可利用性。但在其内容逐渐演变为公共信息的发展过程中，传统媒体也失去了以内容取胜的价值立足点，在整个传媒发展进程中，面临着巨大的生存压力。因此，必须跟随整个媒体生态进行传媒内部的结构性调整。

传媒的市场界限、资源配置形式、价值体系形成、传播策略、渠道铺设、营销策略、营利模式等都产生了翻天覆地的变化。

1. 传媒的内容生产和价值体系建构发生了改变

媒体融合打破了传者与受者之间的界限，是一种真正意义上的分享型经济。每个个体都可以成为“编辑”或者“内容生产者”，普通大众成为智慧生产中的要素之一。传统媒体将不再仅仅依靠内容生产来建构自身价值体系，将在互联网环境下，寻求新的价值变现方式。

2. 互联网变革了企业的传统营销模式

互联网技术的迭代更新，彻底改变了企业原有的营销模式，竞价排名广告、限时秒杀、信息流广告等新的营销策略和营销模式应运而生，并广泛运用于传媒企业。但目前某些传统媒体还无法适应这一新的营销观点和模式，因此必须加速观念转变，变革营销模式，才能成为移动互联网时代的弄潮儿。

3. 互联网变革了媒体渠道类型和传播方式

当下正处于精准化传播时代，受众的个性化需求显著提高，因此个性化生产和分众化传播尤为重要，对传媒也提出了新的要求，必须建构多元化、链接式的内容分发渠道，只有尽可能满足用户需求，传统媒体才能在媒体融合的背景下焕发新的生机活力。

4. 互联网改变了媒体传播规则

互联网作为通路或者平台，在新时代背景下有自己的传播规则。它改变了传统的传播内容、传播逻辑、传播策略。在互联网进入大众视野之初，凭借海量储存空间、超级文本链接等独特优势将原本离散甚至毫不相关的内容进行连接，将现实体验与超现实体验一并融入整个传播逻辑中，改变了大众原有认知，实现了内容服务与受众需求间的双向互动对接。以社交平台微信、微博为例，在目前已完全形成人际互联网。传统媒体时代，人际交流和社会分工协同大多受限于现实的物理半径，在有限范围内进行选择重组，很难达到完美协同。互联网竭尽所能地实现了资源的合理配置，同时也让大众在认知盈余的重新利用中开发自身价值，营造出价值协同的社会氛围。

综上所述，互联网给整个社会带来了巨大的改变，是一场真正意义上的全局性革命性变革。在新技术不断迭代更新的背景下，传统媒体要分享这场变革红利，就必须坚持自我变革的理念，将传媒的企业经营管理战略、人员组织结构、内容生产分发方式、营利模式及企业文化等进行综合性革新。

（四）推进融合发展的有效措施：实现全媒体重构

对传播学领域而言，互联网重塑了当下的内容生产分发、用户消费理念和方式、传播规则以及传统的人际交往等，而且作为基础设施，作为一种全新技术支撑社会的运行。各行业各企业都只有顺应互联网发展逻辑，形成互联网思维方式，进行自发式改革创新，才能在互联网趋势下实现良性循环发展，传媒行业也理当如此。

过去，传统媒体主要遵循“木桶效应”，认为媒体想要提高自身价值，就必须补足其短板，针对传媒内部某一个环节或者元素进行提升。但是在互联网背景下，社会事物发展速度已经远超于传媒补齐短板的速度，因此无法体现出“木桶效应”较大的波动性价值，需要不断挖掘长板，积极融入市场，借助外部优秀资源进行融合，通过长板与长板间的合作，形成一个最佳的新木桶。传统媒体的核心竞争力集中在内容生产上，主要包括营造公信力、加大内容生产输出能力、扩大新闻传播影响力以及打造专业化的采编团队等。

在互联网趋势下，虽然加大内容输出能力仍然非常有价值，但不再是唯一。在互联网时代，传媒的竞争倾向于寡头竞争，因此必须要提升自己的核心竞争力，从内容、技术以及洞悉用户需求三个方面进行优化，才能跻身传媒市场的前列。但互联网技术的更新极为迅速，因此任何企业想要成为行业的全能型企业都很困难。同时，互联网打破了以往的市场界限，使得跨行业间的合作变为可能且更为便捷化。传统媒体应当抓住机遇，牢牢掌握自己的长板，主动与市场接轨，实现长板与长板间的对接。

传统媒体应当摒弃固有的单打独斗的经营方针，扩大视野积极融入市场，在社会上寻找连接点建立新的匹配机制，用新的传播规则将传媒资源进行整合，从而形成自己的产业链和生产力，如传媒品牌、传播渠道和忠实用户等。传统媒体拥抱互联网的过程，并不是谁兼并谁，而是互惠互利，实现最优配置的相互融合过程。传统媒体在融合进程中需要挣脱原有的价值建构逻辑和产品服务理念，树立构建全媒体的互联网思维，打破单一化媒体属性，不断探索新的产业模式和价值链。传统工业时代，媒体大多致力于围绕某个点开展经营，然后将该点的上中下游打通，从而达到降低成本，提升运营效率，实现规模化经济的目的。发展至今，绝大多数传统媒体已经将规模经济发展到极致。在互联网格局下，媒体必须依靠互联互通优势，在接轨融合过程中不断探索新的经营模式和营利模式，才能取得更好的发展。

1. 范围经济

互联网的功能在于互联互通，使范围经济成为可能。对传媒领域而言，无论是传统媒体还是当下的新媒体，在未来的价值构建中都应当向形成资源聚合性平台中介发展。媒体在本质上就是一种传播中介和平台，在该平台上不能仅仅只运行内容，还应当将其打造成一个汇聚资源和配置分发的节点，使各种社会资源或者行业资源在该平台上实现有效对接，平台供应者也可以从中获利。以社交平台微信为例，它不仅能够实现交友和通信，而且还能将各种基础服务容纳在内，形成一个新的流量池，成为一个真正有价值的社交平台。它利用平台流量吸引生活服务类公众号、游戏、小程序等入驻，让平台有了多元化的营利模式。

2. 分享经济

互联网背景下形成了新的生产方式——众包，利用互联互通最大限度地将大众闲置资源重新配置。在互联网上，受众皆可以通过“众包”参与内容生产，创造出海量的新颖的内容，以及更多符合大众需求的服务模式和服务产品，从而收获更多的财富，从而体现分享经济。例如，维基百科或者互动地图，平台内的用户既是内容的生产者，也是内容的享用者，既拥有商业价值，也兼具社会价值。

3. 集成经济

如前所述，要充分利用新木桶效应，实现长板与长板间的合作。这也正是集成经济模式的突出特征，即在更广阔的范围内，进行最佳要素资源的匹配，通过创建相应规则将所有适用要素汇聚，从而转化为自身的生产力，形成真正符合社会需要的有效解决方案和措施。

新兴事物的不断出现验证着新时代下营利模式的创新和市场边界的变革，传统媒体必须改变原有的简单规划企业延长线的经营方式，不能仅仅只把互联网作为其价值链的延伸，更要在互联互通的独特优势中探索新价值的变现方向和变现逻辑。这是传媒融合进程中传统媒体转型升级的绝佳机遇，同时也是挑战。传统媒体必须进行自我革新，形成互联网思维，建立市场化经营格局，积极融入互联网浪潮中，在传媒融合的时代背景下实现全媒体重构，在互联网世界翻开传统媒体的新篇章，创建自己新的商业版图。

第七章

互联网思维

一、互联网在中国的发展

1986 年运用卫星链接访问主机节点，1987 年我国首封电子邮件由本土通过意、德两国的互联网路由节点发送出去；1990 年中国顶级域名 CN 被注册登记，1993 年中科院高能物理通过租赁美国卫星链路连接其能源网，1994 年 NSF（美国国家科学基金会）认可了中国互联网，我国的互联网时代拉开帷幕。在这个阶段，因为早期技术要求高，资源十分匮乏，只有科学家、技术人员等少数人使用互联网，使用范围局限于狭窄的领域，如科研、学术等。

（一）第一阶段（1994—2001 年）：第一次浪潮，互联网 1.0

1. 创业浪潮、热潮、低潮

中国互联网诞生于 1994 年，此后出现多条互联网支线，国家邮政部决定将该业务向全社会提供，此后出现了 ISP，掀起了中国的互联网浪潮。

1995 年 8 月 9 日，网景敲钟挂牌上市拉开了我国互联网创业的序幕。那一年，全球互联网用户 500 万，77%是美国用户。1997 年我国的新闻门户如新浪、网易，地方门户如上海热线也开始得以创立发展，我国步入互联网门户时代。同时，阿里巴巴、百度等互联网公司也开始出现，风险投资环境开始变得明朗，互联网企业的融资路径逐渐清晰。这些都标志着互联网在中国的第一个浪潮已经拉开帷幕。

以新浪为代表的三大门户网站的创立标志着我国互联网第一次热潮正式开始。互联网企业在美国上市掀起了我国的互联网热潮。1999 年，中华网挂牌上市，第二年再次发行新股，融资达到 3 亿美元，这让投资者发现了中国市场潜在的巨大价值，由此推动了新浪、搜狐、网易在海外的上市，也催生了许多互联网公司的诞生，产生了“中国概念股”的说法。虽然如此，直到2000年，我国互联网用户也只有千万级别，这场热潮并没有持续多久。2000年，美国股市上“互联网泡沫”被戳破，IT行业深受影响，发展速度下降，市场发展停滞不前。

2. 社会化，非政府组织治理

我国首次互联网创业潮之初，行业处在探索尝试的发展阶段，在制度管理方面有所欠缺，存在一定不足，处在非政府管制阶段，通常以社会化管理为主，缺少政府与中央的监督管理。1994年，中国科学院牵头的科研项目NCFC代表中国完成了第一次全功能互联网接入，1997年其主管的域名CNNIC成立。中国互联网信息中心置于学术型的中国科学院，符合国际惯例，便于国际交流。后来，互联网交由产业发展部门主管，这也明确了初期秉承“先发展，后管理”的理念，这也是互联网发展之初开拓性摸索最有效有力的保证。国务院信息办1997年2月召开“数字化信息革命报告会”，这次会议使得我国该领域相关行业人士深受启发。同时，“数字化教父”尼葛罗庞帝（Nicholas Negroponte）先生首次来访中国，标志着中国互联网行业与国际互联网的交流，快速实现了与国际思想的首次接触。1998年，我国专门组建信息产业部主管互联网行业。1999年，中央第一次提出通过现代信息技术与手段强化并改善对外传播的方式与方法，并开始着手对新闻媒体网站进行调研，为提升其建设与发展力度做准备。

3. 对于互联网的拥抱

1997年世界杯预选赛，中国队在辽宁大连金州主场迎战卡塔尔失利，《大连金州没有眼泪》作为中国论坛的首帖一经发出，就被互联网用户在互联网上疯狂传播，互联网用户的激情也达到顶峰，许多传统媒体也加入这场狂欢，跟风转载传播。在大众的日常生活中，上网已经是一种时尚潮流。因此互联网也催生出一些互联网热词，如热衷于网上冲浪的网民叫网虫，Email电子邮件叫“伊妹儿”等。

自1999年以来，互联网作为中国第四大媒体形式的地位已经初步确立，中国互联网在传播领域也具有突出表现，发生了许多里程碑式的大事；新浪等门户网站和许多新网站开始逐步发展新闻传播业务。

（二）第二阶段（2001—2008年），第二次浪潮，互联网2.0

2002年以来，中国移动推出的短信SP业务重新赋予三大门户网站活力，同时也掀起了国内互联网的第二波热潮。

中国特色开始逐渐呈现在第二波热潮中，国内互联网逐步走向营利，并且已经建立相对稳定的营利模式，其中SP、网游和互联网广告是国内互联网行业主要的营利模式，每一种模式的盈利都十分可观，每年可高达数十亿美元。

2005年8月5日，百度在纳斯达克上市，将第二次浪潮推向了顶峰。当日其股价上涨353.85%，轰动华尔街。第一波浪潮促使了风险投资理念和运作形式的形成，推动了国内该行业的快速崛起。但是作为新兴行业，显然还不够成熟。2006年开始风险投资不景气，让拥有1亿多互联网用户的中国互联网市场饱受冷遇。

2007年8月，完美时空上市募得资金高达2亿美金，是当时我国互联网企业初次上市的最高融资额。当年下半年，至少有4家网游公司（以金山为代表）上市，开始为推动第三波互联网浪潮奠定坚实基础。

电子商务在助力中国互联网走向第三波浪潮中发挥了十分重要的作用。2007年11月6日，阿里巴巴在香港上市，市场价值更是突破250亿美元，超过长期处于国内互联网领先地位的腾讯与百度，更是将新浪等老牌门户网站甩在身后，拉开了很大的差距。国内互联网的格局也逐步发生变化，中国互联网的第一梯队百度、阿里巴巴、腾讯（BAT）形成；分众、巨人、新浪等在不同领域各有所长，其构成了第二梯队；金山、搜狐等多家企业以其自身优势与特点组成了第三梯队。

继SP、游戏等娱乐性热潮后，电子商务的良好发展势头让国内互联网行业寻找到新的突破口，看到了新的发展方向。阿里巴巴在纳斯达克上市在这次电商热潮中扮演着至关重要的角色，将电商推上了资本市场舞台，其融资所得更是远超国内众多互联网上市企业。电商联合传统行业发展，让国内企业、机构以及民众等产生更强信任感，同时也扩大了互联网在社会上的影响力。

阿里巴巴的成功上市提升了中国互联网在全球的竞争高度，表明其具有可与国际互联网巨头比高低的水平。当时除谷歌市值在千万级以外，eBay、雅虎和亚马逊均在百万级,价值百万的阿里巴巴也跻身全球互联网企业五强，让投资者对国内行业市场有所期待。2007 年，全球互联网用户为 13 亿人，其中美国达 2 亿人，中国达 1.6 亿人；全球互联网普及率大约为 20%，美国已经超过了 70%，我国的普及率仅有 12%，不到其五分之一。①因此，像阿里巴巴这种可比肩全球巨头的互联网企业体现了中国互联网的巨大潜力，让世界期待其今后的蓬勃发展。

1. 制度创新：从产业部门转向意识形态领域

在 21 世纪，国内互联网制度也在发展中不断改进与完善，其中最主要的发展成果之一就是互联网协会的诞生，互联网协会为我国的互联网行业作出了重要贡献。互联网行业不仅需要在发展中不断创新，更需要拥有相应的文化基因，需要具有务实敢为的互联网精神和严于律己的草根精神。因此，为了使我国互联网长期兴旺发展，在管理与制度方面我们需要进行必要的创新与改革。

目前，我国互联网已经形成了以中国互联网信息中心和中国互联网协会为中心的社会化管理制度，在行业内起着不可取代的作用。第二波互联网热潮兴起，互联网逐步具有更强大的社会影响，因此对于互联网管理开始转移到意识形态领域。中央政府不断发布相关法律法规用于管理行业与市场。针对互联网信息传播管理 2001 年 12 月 24 日新闻出版总署发布了《互联网出版管理暂行规定》。对于行业自律，2004 年 6 月 18 日中国互联网协推出《中国互联网行业自律公约》，以营造并维持良好的行业发展环境。2007 年 3 月 1

① 新浪科技时代．调查显示：2007 年全球网民总数已达 12 亿[EB/OL]（2007-11-14）．http://www.sina.com.cn.

日，出台《国民经济和社会发展信息化“十一五”规划》，为我国互联网行业的发展指明了道路。

2. 互联网舆论年，BBS 和博客的繁荣

随着互联网时代不断变革，互联网媒体形式也更加多种多样，如博客、论坛等，此时的互联网媒体具有多向互动与及时传播的特点，吸引网民纷纷参与，影响力逐步扩大，由此也催生出以互联网用户为主要参与者的互联网文化。

2008 年是中国的互联网舆论年。在报道国内突发事件时，我国互联网媒体报道真相，对西方媒体不负责任歪曲事实真相的报道给予了强烈的反击。在“5·12”汶川特大地震中，报道受灾情况以及救援情况，通过互联网寻找失散的亲人以及寻求帮助；在北京奥运会期间，关于奥运会的相关资讯通过互联网分发与转载，使得全国乃至世界看到了中国的风采。互联网媒体于社会具有巨大的价值，逐渐成为中国传播业的主流。

互联网在日常生活中不可或缺，在社会中的影响日益增强，因此社会各界也对互联网媒体逐渐重视，互联网发挥着上传下达了解民意的重要作用。同时，作为人人都可自我表达的渠道也发挥着舆论监督的作用。因此，政府十分重视和关注互联网的发展。

（三）第三阶段（2009—2014 年），第三次浪潮：互联网 3.0

1. 即时互联网时代

自 2009 年起，微博、微信等社交应用兴起，中国互联网在兴旺发展中逐渐显现自己的特色，开始迈进即时互联网时代即互联网 3.0 时代。我国在互联网用户数、CN 注册域名、个人电脑等占比超过美国，为全球第一；在互联网企业方面，有百亿级市值的腾讯、阿里巴巴等国内领头，同时也位居全球前列的互联网企业。

多年的发展，我国的互联网用户数据不断打破自己以及全球的纪录。

2017 年 6 月，我国网民数量较 2012 年增长 50%左右，已达 7.51 亿，[①]可见中国互联网具有巨大的市场与发展空间。

互联网行业的竞争日益激烈。2013 年，美国具有千亿级市场价值的行业巨头有谷歌、亚马逊、Facebook，其中谷歌的市场价值达 2 831 亿美元，这三大巨头代表着美国互联网的第一梯队。美国互联网第二梯队以 eBay、雅虎为代表，其中 eBay 市值达 655 亿美元。中国互联网与美国相比依然存在一定差距。此外，美国一些逐步投入互联网行业的企业实力也不容小觑，如苹果、微软等，在 IT 行业具有超强实力的企业还有英特尔、高通等，其市值也突破了千亿。

2. 国家互联网安全意识逐渐上升，先发展后管理的模式开始调整

在传统的信息传播模式中，政府采用集中控制的方式，但这种方式在微博与微信等新兴媒体到来之后效果逐渐减弱。想要克服存在的弊病，通过发动社会主体参与建立社会化治理体系是一种很好的方法。在中国，互联网的发展充分利用了来自底层普通大众创业者的创业创新精神，各种民间组织的重要性开始凸显，比如妈妈评审团、微博辟谣平台，等等。

2013 年，发生了一场惊动全球的事件——斯诺登事件。事件发生之后，全球互联网竞争思维更加受到各国的重视。意识到国家发展战略中互联网空间博弈的重要性，国家成立了互联网安全领导小组和国安委，保护重要部门，有效快速地监测并反应。同时，国家也初步建立了相关的关键性的互联网安全基础设施体系，自主可控能力逐步提高。

斯诺登事件对互联网安全领域也产生了重大的影响。2014 年 4 月 8 日，微软方面宣布不会对 WindowsXP 再提供支持，国内的互联网安全问题遭受到前所未有的挑战。当时，中国 WindowsXP 的用户数量已经突破 2 亿。在 WindowsXP 之后，微软建立了高度控制用户计算机和数据的新技术体系，从而使“棱镜门”之类的监视活动变得更加容易。鉴于大量党政机关的电脑系

① CNNIC．第 40 次中国互联网络发展状况统计报告[EB/OL]．(2017-08)．http：//www.cac.gov.cn/cnnic40/index.htm.

统都是 XP，尽管已经有相关规定禁止 XP 及以后的系统应用于党政机关中，但仍然面临较大安全风险。要想建设互联网强国，就必须首先解决自主控制和有效防御的问题，着力于在核心技术与基础设施建设方面进行更加有力的建设与防护工作。

3. 全民上网时代逐渐到来

互联网催生了一大批以互联网为基础的社交服务，如 SNS、社交互联网服务，微博、微信、客户端等进一步随着移动互联网的兴起而诞生，开始进入全民互联网内容生产时代。

自 2009 年以来 SNS 网站的兴盛，互联网产业蓬勃发展。而实时互联网应用的发展，对互联网媒体舆论监督也产生了很大的影响。众多事件因为互联网媒体的参与而迅速广泛传播，逐步成为了不可小觑的舆论力量。随后，互联网成为舆论发端、发展、监督的重要阵地。

随着互联网产业发展，政府加强了对互联网的监管。2009 年，“打黄扫非”工作进一步开展，互联网协会、企业、政府联合行动，社会风气得到净化，互联网与现实文化环境也日益清明。对于网民权益的保护，政府与相关行业组织也愈发重视起来。同时，相关法律法规逐渐完善，政策体系开始建立。

智能移动设备催生的互联网与基于电脑端的传统互联网相融合，大量新兴业态和企业涌现，这一时代可以称为“大互联网时代”，社会化、场景化、即时性、融合态构成了这一时代的主要特征。传统信息传播模式与内容生产模式被互联网的去中心化特性彻底变革，带来商业模式与经济业态的重构，以用户为核心的信息传播、内容生产、商业营销正在发生翻天覆地的变化，大规模场景经济、线上线下融合是移动互联网造就的重要社会景观，正在改变人们的生活方式。

二、互联网思维内容

互联网思维是指在科技高速发展的大背景之下，将云计算、大数据、“互联网+”等因素纳入考量范围，立足于新技术之上去解决问题。

（一）重视互联网

当今时代，互联网思维对于商业发展极具意义，有助于企业对于市场、忠诚用户、企业产品、企业产业价值链以及整个企业的商业体系和生态链进行反思和再建。个人应积极主动地了解互联网知识、探索互联网发展、掌握互联网特性。通过这样的实践，才能形成适应时代发展的互联网思维，成为适应互联网时代的人。正是互联网从业人员创造互联网产品，又正是使用互联网产品的群体倒逼互联网从业人员的精进，推动了互联网不断发展。

（二）适应互联网

互联网的诞生影响了个体的生活。互联网思维对各大中小企业的高级管理人员产生影响，我国传统行业的商业模式及其组织架构等都产生了顺应时代的变化，出现了新型产业，如共享单车、滴滴打车以及共享充电宝等时代产物。同时传统的金融公司也受到了互联网的巨大影响，电子商务平台逐渐形成，冲击着原有的商场模式。传统行业的发展面临危机，同时又因互联网的发展打开了另一扇门。当传统企业本身陷入危机之时，互联网思维能为企业的发展开辟新路径。与此同时，互联网本身的去中心化、信息的海量性与地域的无界性也为互联网应用本身带来困境，如诈骗、假冒伪劣、虚假宣传，等等。在互联网时代，我们既要形成互联网思维，也要警惕互联网的技术陷阱。

（三）利用互联网

在互联网时代，我们应该把技术视作一种工具，将这种工具用于农业、工业、服务、金融等领域。人类通过积极思考，利用工具服务于自己的创造性劳动，以集聚智慧，降低成本，真正做到将技术服务于人类社会的长足发展。能否利用“互联网+”已经成为传统行业与智慧行业的一道分水岭。利用互联网技术的行业有望突破桎梏成为智慧行业，成为智能时代弄潮儿。要善于利用互联网思维去审视世态，追赶时代大潮、引领时代风尚。2015 年 7 月 1 日国务院发布的《关于积极推进“互联网+”行动的指导意见》明确指出，要不断鼓励和引导传统产业强化互联网思维，积极融入“互联网+”的浪潮中。该意见还提出以“互联网+”为基础的产业生态将在2025年基本建成完善，形成兼具互联网化、智能化，以及协同化和服务化等强大功能的互联网新经济形态，成为助力社会创新创业的重要力量。

（四）大数据思维

互联网具有海量数据，互联网思维也是一种大数据思维。大数据主要指数据集合，这些数据无法用常规软件进行抓取处理，必须依赖新的具有高洞察力的软件工具以及处理模式才能捕捉，它是具有海量性、多样性，以及高增长率等特征的信息资产。在互联网时代，数据越多意味着企业掌握的资源越多，决策就越具有支撑力。也就是说，数据的丰富性越高财富越多。大数据的应用为企业提供了新的发展机遇，为企业革新注入了新的血液，为提升国家实力提供了新的渠道，也正是各机构积极搜集数据、利用数据分析、依靠数据决策、依赖数据管理为整个社会的前进提供了动力与源泉。数据思维推动着新业态的不断繁衍发展。共享经济横空出世，众包、众筹逐渐进入市民视野，而这一切都依赖于大数据，只有具备深刻的大数据思维才能理解其运转逻辑。

三、“互联网+”内容

（一）“互联网＋”概述

1. “互联网+”的内涵

“互联网+”是指基于互联网技术、通信技术等对社会各行各业的改造与应用过程。与第一次和第二次工业革命中的蒸汽技术与电力技术对社会进步的意义一样，互联网技术作为一项通用型技术对人类社会、经济、文化产生了基础性变革作用。

“互联网+”的本质是助力传统企业实现数据化和在线化运作，其前提是互联网作为一种基础设施的广泛运用。“互联网+”经济的核心是传统经济利用互联网实现数据化变革，将消费者、商品、场景的线下数据一一映射到互联网上，形成现实与虚拟的同步行为，数据能够被迅速收集、处理与应用。

与此同时，数据能够在全网流动，实现传输者与接收者之间的高效沟通。以大数据技术和云计算为依托的企业，能在内容生产中为用户进行画像，从而精准化推送和营销，确保资源得到最大化利用。

著名经济学家卡萝塔·佩蕾斯（Carlota Perez）在探讨经济演变时指出，新技术诞生带来了许多新的经济范式。首先，技术变革带来基础硬件设施的应用与普及；其次，基础设施带来行业的迅猛发展，如 5G 技术首先是基站的部署，之后是 5G 高带宽的应用落地。近年，移动互联网的广泛普及也为“互联网+”经济奠定了牢固的基础。

不同于传统模式的信息化，“互联网+”模式下的信息化进程正在回归“信息核心”这个本质。这是因为互联网极大地降低了生产、获取以及传播信息的成本，为人人参与内容生产创造了条件。信息互联互通成为信息价值增长的动力，信息成为与石油等能源相媲美的重要资源，大大推动了社会财富的增长。以淘宝为例，利用互联网基础设施链接了商家与消费者，信息的自由流动也就是商品与价值的兑换、实现过程，极大地促进了中国消费市场的繁荣，提高了商品流通（物流）、资金流通（在线支付）的效率和水平，与政策导向相一致，激发和释放了国内市场需求潜力。

2. “互联网＋”推动各产业的互联网化

传统产业的互联网化改造也是其产业转型升级的过程。实际上，在发展早期，传统产业的互联网化呈现“自下而上”的态势。一方面，表现为“生产—销售”节点的互联网化，包括生产商、多级供应商、多级批发商、零售商、消费者的节点改造。另一方面，表现为产业的互联网化，围绕“生产—销售”的产业链，包括生产制造业、零售业、广告业的改造，同时物流业、金融业等也发生了翻天覆地的变化。

（1）消费者节点互联网化。

互联网不仅仅带来了博弈主体的多元化、利益纷争的复杂化，也使得社交和娱乐成为电商流量转化的重要入口，随着场景不断丰富，视频化体验持续升级，消费行为背后的用户心理也在不断变化。人们不仅能够感受到短暂的消费狂欢，更能够洞悉风起云涌、不断变化的消费趋势和风潮。

（2）零售节点互联网化。

商品推广即广告，是互联网商业环节最早的一种形式，通过临时节点连接互联网，将商家与用户连在一起，实现一体化销售和服务。如阿里巴巴利用互联网实现交易线上化，吸引传统零售企业转变思维，展开互联网分销业务，将线上销售渠道与线下销售渠道相结合。

（3）生产节点互联网化。

随着经济的发展，人们的消费水平普遍提高，同时也催生了大众不同的消费需求。个性化需求通过互联网价值链传递，倒逼生产商根据消费者与市场需求柔性生产，即C2B模式（Customer to Business）。利用互联网实现消费节点、零售节点、生产节点的紧密连接。

（二）“互联网+”的条件

总体来说，“互联网+”的影响体现在三个方面：一是构建信息基础设施，二是释放数据资源与信息价值，三是重塑产业与劳动分工。

1. “互联网+”的基础设施：云、网、端

“互联网+”的基础设施包括云、网、端三者。“云”即承载数据存储、计算的基础设施，主要将现实数据存储在服务器端，在服务器端进行运算并返回结果给用户。服务器端存储与计算能力的提升降低了用户本地资源的消耗，将烦琐的工作置于后台，为前台提供更加便捷的服务。

“网”是指连接消费者、商家等所有数据节点的传输渠道，实现各个节点的信息连接、传输、共享。5G背景下的传输渠道愈加多维、多层。

“端”是指互联网连接的所有数据终端。随着技术迭代，互联网连接不限于计算机、手机等传统终端，而是包含万物互联的物联网终端；任何场景、任何设备、任何传感器上的数据都将成为互联网节点，既是数据收集终端，也是数据分析终端。

（1）云计算、大数据基础设施强势突破。

随着我国云计算、大数据基础设施建设日益深入，国产云厂商已经实现

自主核心技术研发，提供多元健全的数据存储、计算服务，如“阿里云”“华为云”以其技术可靠性与经济性抢占了国内外部分市场，与“微软云”“Azure”等国际巨头同台竞技。云基础设施布局的深化提升了互联网的经济与社会价值，主要体现在：服务器端存储与计算资源的有效供给，降低了企业的本地资源消耗程度与运行成本，有利于提升企业生产效率。将传统“硬件+软件”的计算机模式向“云计算+数据”进行转化，“工业经济”向“信息经济”逻辑转型。推动物联网的应用与普及，进一步推动 PC 端、移动端、传感器端的进步，向万物互联的时代迈进。云计算在大数据的储存、处理和应用分析上发挥的作用十分显著，已经成为社会运行中的重要一环，与物联网、移动互联网携手共创智能系统。打破了大型企业在计算能力上的垄断局面，为中小企业提供了创新创业机遇。加速了传统企业与互联网接轨的进程，推动了传统产业升级转型的步伐，提高了政务办事效率和社会治理能力。自主性的高级知识产权——“云计算”技术，对维护国家的经济安全起到了非常重要的作用。

（2）互联网、物联网基础设施快速建成。

物联网的运行程序主要有以下几大步骤：在真实物体上安装传感器之后通过互联网与计算机之间建立连接，实现远程控制，实现物与物之间的直接沟通。不仅是物联网，射频识别标签（RFID）、传感器、二维码也可通过特定接口连接无线网，从而实现“智能化”，不仅能够在人与物，而且能够在物与物之间建立沟通。物联网解决方案可应用于智慧城市、智慧社区、智慧地球建设、北斗通信卫星系统等。

（3）智能终端、APP 软件应用异军突起。

智能终端的出现，让传统的门户网站开始向移动端 APP 应用程序转移，互联网的内容生产也开始由电脑网页端倾向于手机移动端。移动端 APP 主要以云计算服务为依托，以强大的数据库为支撑，应用程序的开发和发布门槛较低。

（4）基础设施投资主体转向。

以往，新基础设施的建设资金主要依靠财政拨款或者大型国有企业赞助，现在主要由民营企业或个体进行投资。不仅投资主体发生了改变，而且建设的服务模式及其基础设施的控制权也发生了变革，对民营企业提出了更多新的要求，必须通过不断创新才能确保经营规模的扩大化和潜在利益的增长。与此同时，消费者可以通过“设备”来决定企业的命运，这在一定程度上强化了消费者的权利。因此，信息经济的经营和治理模式主要由以前的集中式控制化管理向大众创新和协同共治转变。

2. “互联网＋”的新生产要素：数据

在信息化社会，人们的活动离不开信息数据的生产传播运用。信息技术的不断发展带来了大量信息数据的增长，信息流动性得到增强，带动信息经济的价值增长。不仅如此，人们在信息经济时代的信息数据处理能力不断得到提升，已经迈入“大数据时代”。

3. “互联网＋”的分工体系：大规模社会化协同

随着互联网技术的不断应用，企业产销格局逐渐向消费者转变。企业必须改变传统的经营策略，建立起以用户为导向、以需求为核心的经营理念。与此同时，协同分工的合作模式开始得到普遍应用。

（1）“小而美”的组织结构成为企业常态。

信息技术的应用大大降低了企业的信息成本，外包等方式的便捷化也让企业的交易费用锐减，企业不再需要庞大臃肿的组织结构来维持正常运营，固有的低效冗长的价值链将不复存在，高效简单的价值链逐渐兴起，组织框架边界不再明显，开始进行收缩，小企业组织形式被广泛采纳。

（2）生产和消费愈加融合。

信息（数据）作为一种柔性化的企业资源，不仅可以有效缩短企业的迂回低产生产链，而且可以促使 C2B 商业模式的兴起，弥合了生产与消费之间的鸿沟，二者走向融合。

（3）实时协同生产模式被广泛应用。

伴随着企业技术手段的提高、信息数据的开放以及爆发式增长，企业也对其生产流程和组织结构进行了调整和变革，生产模式由工业经济的典型线性控制向信息经济实时协同过渡。

（4）就业途径更为广泛多样。

在“信息经济”模式下，企业与企业间、员工间的沟通和协作的门槛降低，企业内部奖惩制度和信用评估制度不断优化，专业技能更受企业重视。在信息经济环境里，个人的能力价值能够被有效激发，就业的灵活性大幅度提高。年轻一代通过互联网可以充分调整和安排自己的工作时间及地点，还能同时为不同企业提供一种或多种工作。企业的组织结构和雇佣方式，信息经济改变了人们的就业形式、收入方式。

综上所述，信息基础设施（“云 + 网 + 端”）、新生产要素（大数据）、大规模社会化协同促使“互联网+”在新信息经济时代焕发新的活力，彰显了只有顺应信息技术革命的时代趋势。“互联网+”的实践证明，必须不断完善新信息基础设施、改善工农业基础设施、让互联网经济带动传统产业转型升级为导向，最终为中国经济高速增长和快速转型创造条件。

四、互联网思维的本质：商业回归人性

在未来的互联网，桌面互联和移动互联间的边界将消失，逐渐形成一种“泛在互联网”的模式，直接实现 PC、平板、手机、汽车、手表等终端的互联，即万物互联的状态。

传统互联网通常指桌面互联（Internet 1.0），平板电脑和智能手机的出现打破了桌面互联的常态，移动互联（Internet 2.0）已经发展成为主流。随着技术的不断革新，物联网应运而生，人们将这种新的形态称作“大互联”（Internet 3.0）。

（一）大互联智能生活时代

大互联就是任何人、任何物、任何时间、任何地点，永远在线，随时互动。在以物联网、大数据及云计算为基础的智能化时代，个体已经实现了随时随地联网、实时跨屏互动、各取所需的生活形态，社会进入了一个真正意

义上的以用户为第一要义的新智能商业文明时代。

在大互联智能生活时代下，互联网因天然移动属性已经发展成为未来所有行业、企业、组织赖以生存的运行平台，也将成为未来商业运行的新操作系统，引发一场真正意义上的新商业革命。

互联网的发展本质让互动更高效。互动不再仅仅只停留在人与人之间的互动，在大互联智能生活时代，人机交互已有可能。Web1.0 时代以来，各门户网站发展势头迅猛，至 2002 年，新浪、网易、搜狐等大型网站已经形成。UGC 是 Web2.0 时代即搜索/社交时代的典型特征，它打破了传统的单向互动模式，出现双向互动。方兴东创造的“博客中国”为用户打开了内容生产的大门，随后出现了新浪微博、人人网等典型的内容生产平台。进入 Web 3.0 时代即大互联时代，多对多互交、人机互交以及终端互交成为可能。在物联网时代，智能手机等移动终端也会持续发展。目前我们仍处于大互联时代的初级阶段。

（二）互联网思维的特质

1. 分布式

在去中心化的前提下，互联网特有的互联网状结构突破了原有层级结构的桎梏。在网状互联网结构里，虽然处在不同环节的节点所占据的权重各不同，但并不存在绝对的权威。并且，在网状社会里，每个个体、每个企业的价值有所不同，这取决于连接节点的广度与密度。当连接节点越广密度越高时，个体和企业价值也就越大，这是纯信息社会的典型特征之一，即信息含量决定价值大小。

2. 自下而上的控制

视频网站既是内容中介也是内容生产商，与电视台系统不同的是，受众会在订阅以及观看过程中，通过评论不断生产内容。这样由下层级生产内容反馈至上层级视频网站终端，且作为审核端的上层级不施加任何控制的系统，

是一个极为强大且长势迅猛的商业系统。下一层级在内容观看和生产中，需要和上层级间建立充分的反馈和连接，互联网技术的迅速发展使连接成为可能，而且成本更低廉，速度更高效，使整个复杂系统的便捷循环良性发展。但自下而上的系统模式在控制上也显现出一些缺点，系统发明拥有者到后期难以控制自己发明的系统，当系统获得分布式和去中心化力量的同时，也会时常处于失控状态。

3. 递增收益

某系统使用量越大、流量越高，系统便会愈加成功。客户生成的内容越多，系统的吸引力越大，就会吸引更多的客户来生成内容。递增收益模式在许多复杂事物上都能得到应用体现，例如，以阿里巴巴集团为代表的大型互联网企业，随着互联网效应的力量积累和流量积聚，在国内就处于垄断地位。

4. 模块化增长

企业想要在数据增值上达到块状化或者指数级增长，必须不断形成新的组织结构，对有开发权限的小节点进行再开发。互联网企业的业务是模块化的，互联网操作系统也是模块化的。以前，计算机运行中某部位或环节出现故障时，整个计算机直接死机以致不能运行。而当下的计算机是由模块构成的，某模块出现问题，并不影响其他模块运作，整个系统可以继续维持运行状态。这样的模块化运作原则在更复杂的系统中也能够得到运用。

5. 开放性

边界就是事物能容忍的边缘，开放性促使边界最大化。在技术领域也需要建立相应的边缘界限，充分利用技术边界制造相应的系统，且在系统内部允许冲突和相应荒谬事物的产生及矛盾。互联网发展模式必须以平等开放为基础，互联网思维也必须坚持平等开放的原则。这不仅意味着民主化，也体现着人性化。互联网经济是真正意义上的以人为本的经济模式，是一种人性人文精神的回归。坚持大力发展互联网经济，有利于让经济真正回归人性。

第八章

平台型媒体

数字技术不断发展，“三网”融合不断进步，媒体融合涉及技术、业务、所有权、法规制度等多个领域。从内容产出到渠道结构，从产业管理到控制机制，从扁平化的线性技术交互到立体交叉的媒体平台，媒体融合的价值更加丰富并不断扩展。无论媒体融合下媒体生态系统的变化有多快，大多数传统媒体都还存在本位意识，保留原有的生态系统，进行垂直的重复性建设。同时，新产生的媒体很快改变了原来的舆论评价标准，大规模的用户群体和强大的技术支撑力，挑战着传统媒体的传播力。传统媒体和新兴媒体从各自为战到互为补充再到整合开发，需要提高对系统的认识，在概念和实践上探索行业价值体系的革新，构建平台型媒体成为传媒资源重组的主轴，也是媒体深度融合的最好选择。

一、激进式变革与传媒资源重组

互联网媒体的发展进入 3.0 时代，传媒产业新模式自身也在不断迭代更新，互联网的智能化发展引领着传媒产业的创新，推进了传媒产业资源重组。

有学者认为，技术红利扩展了想象空间，虚拟现实（VR）、增强现实（AR）、云计算、可穿戴设备开始成为主流技术，在媒体行业的应用逐渐落地。无人机+媒体的多元应用，可以超越记者的脚步；人工智能驱动机器人写手出现，机器新闻的智能化演进开始了，这同时推动着媒体自动化；VR、AR 开辟了新闻新视角，驱动万物媒体化和大数据对媒体的全面渗透。传媒新技术的持续创新和扩散，正不断地改变着媒体形态、产品形态、用户使用方式等，媒体变化加速。

新旧传媒产业模式的转换是一个激进式变革的过程。

（一）新兴的步伐（1987—2004 年）

1987 年到 2004 年，中国媒体产业经历了 10 多年的新兴变革阶段。其中最引人注目的就是互联网进入中国并发展起来。其重要特点是，能够改变媒体行业的新技术在较小且具有战略价值的细分市场中产生并发展。在此期间，互联网技术发展和用户普及，在中国本土的发展可以分为四个阶段。

1987—1994 年：互联网的适用范围仅限于科研机构和大学；

1995—1998 年：互联网越来越向社会开放，传统媒体开始设立互联网版；

1999—2001 年：人民网、新华网等新闻网站和新浪、搜狐和网易等商业门户网站兴起；

2002—2004 年：博客、在线社区和互联网视频的发展使互联网迈入大规模、多样化和个性化发展的 web2.0 时代。

（二）趋近的标志（2005—2013 年）

"趋近"强调的是以一种新的经营模式发展起来的，继而更有效率地构成了基于新模式的经营活动。数字媒体产业的新模式从原来的传统企业那里分走了很多利润，这个新模式影响的业务开始产生大量利润。

趋近阶段到来的标志是 2005 年报业广告突现增长拐点。2005 年到 2010 年，具有新产业模式的互联网和移动互联网最终改写了传媒产业版图。新媒体技术的不断革新和传播赋予新模式迅速发展的能力和卓越的竞争力，不仅持续吸引用户，也持续吸引人才、企业资源、政策资源和市场资源。它重新诠释社会信息化、社会生活和社会结构，改变用户的生活方式，重新诠释市场和产业运营机制，重新诠释企业和媒体，甚至重新诠释信息化时代，实现大互联。

所以，新媒体产业模式转移了原本归属于传统媒体企业的用户，获取了大量的收益和广告客户，改变了传统媒体的收益池。利润开始持续流入新产业模式支配的商业领域，逐渐使得传统媒体的商业模式崩溃、产品与用户之间隔绝。

（三）共存阶段的到来（2014 年共存元年）

2014 年的业态不是新老产业模式长期和平共处与共生，而是二者的激烈竞争和博弈，新的强大活力导致旧模式的衰落甚至崩溃，而新产业创造价值的手段逐渐主导行业的发展。在传媒市场上，传统报纸纷纷停办，或转型为新的经营模式。

在共存阶段，新产业模式的威胁和不断扩大导致媒体行业的全面重组。所谓传媒重组，是以互联网、云计算、物联网、大数据技术为基础，依据互联网思维逻辑，对媒体产品、媒体平台、媒体和用户的关系、媒体产业模式等进行重新组合或全面改革。

这是典型的重新配置传媒资源和产业资源的过程。传媒资源重组的基本逻辑是互联网思维，即基本商业模式是平台战略。通过构建新的媒体平台，将内容、形式、社交互动、场景等产品要素加以整合。一些互联网公司成长为新型传媒平台，如腾讯、百度等。事实上，它们已经开始发力，试图整合传媒市场。BAT 在一般数据、交易数据和关系数据领域各自拥有发言权，形成对中国互联网的垄断，在整合传媒市场方面得天独厚。

在传媒资源重组的共存阶段，新的产业模式正呈现出摧枯拉朽、强力整合的态势。从传媒资源重组的角度来思考，在“互联网+”时代，传媒组织的应对与发展战略中，“平台战略”与“平台媒体”是重要的关键词。

（四）支配阶段的到来（2015 年开始至今）

支配阶段的表现是媒体用户创造价值的新模式完全占据了主导地位，新产业要基于新模式进行价值创造；多数媒体用户会停止使用之前的系统，使用新的系统。在这个阶段，传统的纸质报纸虽然存在，但几无营利的可能。新产业模式中诞生的新市场领导者不断登场。整个产业演变周期完成，进入新的演变周期。

2015 年的几点变化如下。

1. 人才迁移潮涌

众多知名媒体人离职，这一总体趋势愈演愈烈，蔓延全国。舆论盘点发现，媒体人离职后的去向主要有四个：一是新媒体、互联网，有的是任职，有的是创业；二是资本和创投行业；三是高校、学术界；四是文化行业。

2. 新产业模式的不断扩张

百度阿里腾讯（BAT）霸占互联网江湖。如前所述，它们在一般数据、交易数据和关系数据领域各自拥有发言权，但互相不会共享。这样促使新产业模式的快速增长和扩张，其他企业的市场被挤压。

3. 超级传媒平台出现

先是 BAT，后来是 TDM 机构，都在不断地布局和完善自己的传媒平台，形成强有力的竞争态势，并且占据相关行业的市场资源、市场份额，给小型或自主经营的自媒体业主以巨大的压力。

二、平台战略的实施

（一）平台战略：互联网平台企业的成长战略

1. 平台

在双边市场，连接不同用户群体的产品和服务就是平台，如计算机操作系统、门户网站等。它设置有用的基础设施和规则，实现两个不同用户群的连接，构造出完整的互联网，以便于双方交易。这是以互联网为基础的自组织经营系统。

2. 平台战略

构建互联网生态圈，将两个或多个特定的用户群连接起来，通过互动机制满足他们的需求，构成同边互联网效应的发展。在产业竞争和博弈中，体现媒体产业新模式的互联网平台企业的基本发展战略即平台战略。互联网生态系统是多方自组织经营系统，平台的战略实施即构建自己的经营系统，且这一系统完整而具有强大的成长可能性，具有独特的、精练的规范和机制体系，从而刺激多个群体互动，完成平台企业的愿景。

3. 多方自组织经营系统

这个经营系统有三大特征。

（1）多边。

系统里两个及以上的市场主体可以将不同的用户群联系起来，构造出一个完整的互联网，只有一个市场主体是无法成为平台的。该平台作为相对独立运营的互联网集市，有众多市场主体，可以满足客户多样化的商品交易、结算、交付，涉及服装、食品、住房、交通、娱乐多个领域。互联网经营平台要想成功，必须是多边的。单方面构建平台是不可能的，构建互联网经营平台的第一要务是定义双边或多边的群体。淘宝或者招聘网站就是双边的，即供需双方，而搜索平台的模式就是三边的，即商品供需双方和广告方。

（2）自我组织。

平台是一个相对独立的系统，也是一种自组织。组织包括他组织和自我组织。一个系统依靠外部指令形成一个架构时，它就是一个外组织。当系统在没有外部指令的情况下，基于对彼此职责和调整的默契理解，自动形成有序的结构时，就产生了自组织。 平台是开放、独特、自组织的生态系统，由所有人共同构建。有时，平台组织的参与者不一定自觉参与，而是无意识地参与。参与是为了自己的利益。这种潜意识的、自利的行为，就构成了自然的自组织。一个系统的自组织能力越强，维护和生成新功能的能力就越强。自组织具有自我进化的能力。

（3）经营系统。

这种自组织不同于其他自组织，因为它是一个业务系统。 利用数据的力量，依靠产品和服务吸引更多的用户和消费者，实现市场价值。平台连接多边社区，需要妥善管理联系在一起的所有参与者，满足所有用户的需求，共同成长，创造利润，并且要在平台参与者之间保持有效的利益平衡。获得盈利的平台能够为用户提供最优收益和满足用户的不同需求。互联网是一个技术性矩阵的有机行为，随着成员的剧增，其价值呈指数增长。同时，价值的提升也会使得被吸入的成员越来越多。平台市场最重要的特征是平台消费者的需求和服务提供商的需求之间相互依存产生的互联网效应。平台提供的服务范围越广，消费者的需求就越多，反之亦然。有学者提出，由于互联网效应的存在，平台可以吸引更多的消费者和服务提供商。由于双向的互联网效应，对任一用户群所产生的平台价值都根据另一方的用户数量而大不相同。因此，如果平台能够更好地满足互联网两侧用户的需求，平台的价值就会更大。受互联网效应驱动的成功平台将获得更高的规模回报。用户愿意为更大的互联网支付更多的钱，用户基础越大，平台的利润则越高。

（二）构建互联网逻辑

在“互联网+”时代，构建这样一个自组织管理体系，必须遵循互联网逻辑。互联网是一个“高维的介质”，能在很大程度上刺激和释放个人的能量。

1. 连接

连通性是互联网的本质，互联网是所有社会元素、市场元素和所有可能的价值元素的关联和整合。BAT 也做同样的事情，即连接。不过，它们目前的关注点有所不同，或专注于搜索（将人们与信息和服务联系起来），或专注于电子商务（将人们与商品联系起来），或专注于社交（将人和人联系起来）。马化腾指出：“连接，是一切可能性的基础。未来，‘互联网+’生态建成的基础就是万物互联。”“连接”与“互联”思想不但渗入腾讯的战略部署，且经由腾讯推出的多项应用服务进入人们的日常生活，重塑大众的生活方式和认知世界的途径。

基于社会协同而开展的连接为世界带来了巨大改变，其间蕴含着惊人的可能性。互联所创造的巨大的价值增值空间和以此为基础的社会协作，都是过去不可想象的。没有连接，就没有互联和互联网；没有连接，就没有“互联网+”，以及互联网的发展。

2. 开放

开放是互联互通逻辑下生存发展的基本规律。互联网化生存是互联网时代人们的生存方式，每个人都处于互联网的一端。互联网时代的决定性因素是一种无形的关系，决定了实体之间的关系，这种关系决定了新的交往规则。我们要做的就是，尽量在互联网关系中找到一个重要的点来管理互联网范围的关系。互联网的逻辑要求我们自我开放。

3. 打造产业生态圈

根据互联互通和开放的逻辑，实行平台战略，构建产业生态系统，有以下关键点。

（1）构建互联网核岛，即庞大的用户基础。

海量用户群是产业生态圈的互联网核岛。互联网平台的所有供需数据、能源裂变和交换，云、端、网资源的动力、流量均来自这个核岛。

（2）建立独立发展的互联网生态系统。

第一，购进策略。平台早期产品和早期用户的形成可以通过购买和模仿策略来实现。第二，进入策略。为了克服进入市场的障碍，新的平台提供商必须能够提供创新的服务和功能，如今日头条的内容、信息、资源的新服务和新功能。第三，构建策略。平台的构建必须形成双边互联网，通过大规模的社会合作而形成，同时在同侧和跨侧都发挥着互联网效应。第四，自主演化。产品互补，不同功能、兼容性和互操作性不断发展，平台也不断地演变和改进，从企业内部供应链平台、工业平台发展到多边市场平台。

（3）生态圈的自主演化。

主要通过平台包围圈战略实现，即平台供应商利用平台包围圈战略进入新的平台市场，通过多平台绑定利用和共享平台用户资源，让“包围圈”发挥原平台的互联网效应。根据周边环境与周边平台之间的关系，利用互补关系、弱替代关系或完全不相关的功能等对围堵战略进行分类，解释围堵战略的战略动机。

（4）构建生态圈的步骤。

平台创新战略研究主要包括平台产品创新和生态系统创新两个方面。第一，产业技术创新范式以平台为中心，系统成员可以利用技术平台、工具平台或服务平台来提升自身绩效。产品创新平台的主要功能是模块化创新。互联网 2.0 定义了产品平台的三个特征，即模块结构、接口（模块相互作用和通信的接口）和标准（模块遵循的设计原则）。平台架构的一个基本特点是，尽管平台核心组件角色的生命周期是固定的，但互补的产品可以随着时间改变，因为平台架构定义了弱互联网连接节点，模块化接口减少了协调和事务成本，形成了模块化集群或业务生态系统。第二，创新生态系统研究要求创新领导者思考全面防御的价值创造体系，设计多方联合行动方案，以实现体系中各方的不同价值。

（5）深挖打通利润池。

第一，建立一个价值互联网。价值互联网是在互联网平台上对多边市场的主要产业价值链进行重组，以及时响应用户需求的一种市场价值生产互联网。它是一个动态的生态系统，可以直接与生态系统的成员、合作伙伴和供应商集成，快速交付定制的解决方案。第二，估计整个行业的利润规模。可挖掘的利润池有多大，关系到工业利润的总规模。如果整个行业的利润本身较小，挖出一个大利润池就是不可能的。第三，打通利润池。合并后的利润中心将被分割成单独的利润池，由于管理方法、企业文化和其他因素的影响，利润池的“池水”变得越来越浅。因此，通过资源共享、协调合作，开放每个独立的利润池，促进利润池的互动增长。

（6）开放平台边界。

为实现共赢，平台应充分遵循互联网的逻辑，开放企业边界，实施大规模、社会化协作。开放性是平台的显著特点，在对外开放中，要实现由竞争向合作的转变，努力做到化敌为友。平台的开放有以下几种形式：第一，众包合作，开放产品服务；第二，共享经济，开放价值互联网；第三，互联网协作，云端向生态圈成员开放；第四，开放连接，共享数据资源。

三、平台型媒体概述

（一）平台型媒体的概念

2014年，美国学者乔纳森·格里克（Jonathan Glick）在《平台媒体的崛起》一书中提出了“平台媒体”一词。指的是“平台（Platform）”和“媒体（Publisher）”的交集部分，是互联网科技平台和媒体的双向融合过程。此后，学者杰罗姆（Jerome）定义了“平台型媒体”这一概念，他认为平台类型媒体除了专业编辑权威，还是一个有自己的开放平台、用户数目和内容的实体，是一个专业的编辑机制和算法推荐机制相结合的数字内容生产、聚合、分销系统。[①]这种融合的想法引起了人们的注意，许多研究误将媒体融合方向当作媒体融合的发展目标。

喻国明教授对平台媒体进行了一系列的研究。他认为，“互联网+”作为一种高维媒体，是对传统媒体从低维向高维的转化，这种转化是不可逆的。而转化的最终结果是形成平台型媒体。喻国明教授认为平台型媒体是未来媒体发展的主流模式。[②]

除此以外，杰罗姆对平台型媒体的概念、特点、形成途径和营利模式等进行了分析和研究。2016年5月，《中外互联网巨头重新定义“平台型媒体”》一文，在学界引发热烈的讨论。文章确定了平台媒体的定义，并结合美国媒体的发展，概述了平台媒体的发展前景。文章指出：“平台媒体是对平台和媒体整合现象的粗略定性解释，没有特定的标准平台型媒体。事实上，平台媒体一直在发展，它的内涵和外延是不断演变的。所以，平台型媒体的研究也要跟上时代的步伐。”[③]

杰罗姆（Jerome）重新定义了平台型媒体概念，认为平台型媒体是依靠

---

① 杰罗姆．平台型新媒体是有效的商业模式吗？[J]，钛媒体，译．中国传媒科技，2014（12）．

② 喻国明．互联网是一种“高维”传媒——兼论“平台型媒体”是未来传媒发展的主流模式[J]．新闻大学，2015（2）．

③ 杰罗姆．中外互联网巨头重新定义“平台型媒体”[DB/OL].（2016-05-10）．http//jerome.baijia.baidu.com/ article/444616.

互联网应用或庞大用户群体，拥有一个开放的内容制作系统（UGC），同时与专业编辑和算法推荐机制结合，进行数据制作、聚合，分发数字内容。平台型媒体可以概括为：平台媒体之间是一种高层自然集成技术应用和内容创作，以及互联网技术发展成熟和先进的阶段。①

竞争和冲突取得了一些良好的成果，也让业界人士深刻地体会到，新老媒体之间的融合应该向更深层次转变，而不只是形式上的融合。平台型媒体的功能是通过资源整合和利用来实现并焕发出新的活力，而不是扩大传统媒体的影响力。平台型媒体具备更大的博弈能力和实力，不容易被取代。

综上所述，平台型媒体是基于平台战略形成的自组织的传播社会信息的系统。它不是简单的产品平台或者平台型产品，而是一个在线社会信息传播系统。

（二）平台型媒体特点

1. 开放性

互联网对用户开放，用户可以自由选择。用户通过传统媒体获得信息有许多限制，在互联网上，用户则有更多的自由。在传统媒体中，传播主体是权威的专业组织；而在互联网上，除了专业组织，个人也是重要的信息发布者。平台媒体以“互联网+”的思维运作，模糊了传播者和接收者的概念。两者都能传播信息，用户可以根据自己的喜好来决定如何使用媒体，而互联网则通过数据来了解用户偏好，进而根据用户偏好推送定制信息。另外，平台型媒体是一个变化的动态概念，受众和专业机构的定位逐渐模糊，受众可以创建自己的应用程序来打造平台，平台型媒体在自行进化中形成良性生态。

平台型媒体的开放性还体现在产消者适时在线。现在的互联网是以物联网、内容网和人际网为基础的，这种形式的互联网是万物互联，是一种“任何人、任何事物、任何时间、任何地点，永远在线，随时互动”的存在形式。

---

① 喻国明．互联网是一种“高维”传媒——兼论“平台型媒体”是未来传媒发展的主流模式[J]．新闻大学，2015（2）．

平台型媒体按照用户的生活方式和信息交流需要，组织内容生产。传统的 PGC 与现在的 UGC，在一个大平台上竞相争夺用户资源。喻国明认为，我们所说的平台型媒体，指的是平台通过创建良性的生态系统，不靠自己的力量生产内容和进行传播，而是将不同的规则、服务、平衡的力量赋予平台，从而开放给所有组织和个人，包括内容提供者和服务提供者。①

平台型媒体的开放性还体现在个人节点化。终端、内容、人等连接交织，构成了巨大的网即移动互联网。而作为这个巨大互联网的一环，每个用户都是其中的动态节点。

2. 内容共享

基于平台的媒体内容可以是多种多样的，包括文本、图像、音频和视频，并且可以在不同的设备之间共享。例如，你可以将互联网上的内容发送到你的移动电话，或把移动电话上的内容发送至汽车。基于平台的媒体内容在设备间可以共享，而不受时空限制。移动设备、网站、车控屏等互相支持，扩展了平台内容，也提供给客户更丰富的内容资源。开放和分享是时代发展的主题，用户可以随时随地将内容上传到平台，只要他们想要互动和分享，便可以方便快捷地满足信息共享的需求。平台上的内容绝不只是单纯的复制和翻译，内容除具备新媒体特点外，还需要根据不同平台的特点进行调整，以适应不同的平台。

信息的大规模社会化协作和共享让个体和组织都能获得渠道，找到能 激发自身活力的资源，创造出用户需要拥有的、优秀的信息产品，进而改变生活方式。社会信息传播系统颠覆了过去的媒体观念，只要是社会信息的传播、分享系统，都归纳到媒体范畴。

近几年来，阿里巴巴、百度、腾讯被定义为媒体，因为它们是有效的社会信息传播系统，而且是做得很好的新型平台媒体系统，是更为年轻人所接受的媒体，比传统媒体更有市场。

① 喻国明．互联网是一种“高维”传媒——兼论“平台型媒体”是未来传媒发展的主流模式[J]．新闻大学，2015（2）．

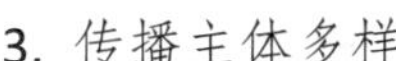

3. 传播主体多样

平台型媒体允许各种传播参与者进入，进行内容创作和信息分发。传统的媒体生产形式单一封闭，传播主体是媒体自身，提供的服务只是对信息进行传播，这在一定程度上限制了媒体的生命力。平台型媒体不仅受到内容生产者的欢迎，也受到能够向用户提供不同类型服务的服务提供者的欢迎。此外，个人用户也能作为传播的主体。平台型媒体不仅依靠自身的力量进行制作和传播，还依靠用户资源，在对用户开放的同时丰富了平台的内容。

4. 专业把关

对于平台媒体，把关能力十分重要。多平台的相互融合，内容的开放共享，可能使不符合要求的内容得以传播，对社会产生负面影响。不对内容进行筛选和监控，媒体融合就会导致缺乏管控的垃圾信息堆积。传统媒体在转型过程中，把关人的重要作用更加明显，迫切需要提高，这是保证媒体融合质量的重要因素，也是关系平台型媒体建设质量的主要因素。

（三）平台型媒体的构建

1. 平台搭建

传统媒体与新媒体的融合，平台搭建最为关键。通过平台搬迁和建设，与用户建立联系，消除渠道失灵的情况。一些平台意识较强的媒体力求用自己的资源和资金来打造平台。例如，《人民日报》依托自身经济实力，具备政策和技术优势，开发了“人民日报”APP，使自身的优势和品牌影响力进行了平台转移。一些地方媒体也竞相开发自己的应用程序，也有许多传统媒体积极配合新媒体搭建平台，以求实现协同发展。例如，浙江广播电视集团与腾讯合作，曾将《中国好声音》第四季版权授权腾讯视频独家播放。浙江广播电视与腾讯正式签署战略合作协议，在内容和平台上开展密切合作。浙江广播电视与腾讯不仅进行内容效益和平台资源的结合，也进行充分的优势资源整合，打造立体移动平台。传统媒体利用新媒体的操控手段，搭建平台，以满足移动互联网时代对传播效果的要求。

2. 技术革新

科学技术的重大进步带来媒体形式的变化，并促进新产品的创造。当代传媒产业与互联网技术密切相关，新技术成为媒体融合的引擎和加速器。技术平台的创新加速了传统媒体的技术更新，也加快了融合进程。近年来，新技术的开发和利用越来越受到传统媒体的关注，如对大数据技术的关注。在大数据技术出现之前，传统媒体对受众缺乏了解，只能通过市场调查公司的抽样调查得知使用者的年龄、地区、收入水平等，以此为基础了解受众概况及其总体数据。由于技术手段不足和研究成本受限，不可能得到每个受众的地域、年龄和交易行为等信息，对一些更有价值的信息，如个人偏好或用户的实际需求则不了解。大数据技术使情况发生了改变。大数据技术基于互联网技术，通过掌握和挖掘大量数据，智能分析用户的品位和需求，智能匹配用户的信息，为不同的用户定制信息推送，而不是使用以前的分发模式。大数据技术的出现和应用，提供了深入了解受众需求的可能性和信息途径，提高了信息传播的有效性，使满足用户日益多样化的个性化需求成为现实。

另外，云计算、无人机、VR、AR、数据可视化、感应技术等新技术的持续发展也使传媒产业不断地更新变革。

3. 团队建设

移动互联网时代，“互联网 +”带来互联网与传媒产业深度融合。单一技能人才已经无法适应互联网发展之需要，只有一种技能的编辑难以从事媒体工作，媒体必须扩大他们的人才库。面对新环境和新业务模式，从业人员需要新技能，跨媒体和全媒体人才格外受青睐。许多传统媒体缺乏人才储备，有需求的时候就临时招聘或者从其他公司挖人。但随着技术人才需求量的增大，这样做不是问题的解决之道。人才的短缺终将成为行业发展的瓶颈。因此，媒体需要加强团队建设，加快专业人才特别是移动互联网技术方面的人才培养和储备，要有一支既具有新媒体素养又拥有高技能的新型人才队伍。

4. 用户思维

平台型媒体把用户放在第一位，用户思维是互联网思维的核心。传统媒体转型过程中，需要从以媒体为中心的思维模式向以用户为中心的思维模式转变。无论是信息的呈现、信息内容的过滤，还是内容的分发，都要以用户为中心，将满足用户的需求作为各个环节的出发点。媒体融合的本质意义在于，传统媒体不再按照过去的习惯以自我为中心，而是在所有的制作环节中真正吸收用户的想法，以用户思维关注用户和用户体验。只有让用户体验好，提供超越其期待的产品，才能培养忠诚的用户。

马斯洛理论将需求分为五大类，从低到高的层次排列分别是生理需求、安全需求、社会需求、尊重需求和自我实现需求。[①]用户思维主要满足后三个高级需求。现在，随着使用者的生理需求和安全性需求逐渐得到满足，后三种需求更加强烈。满足后三种需求能更好地与用户实现连接，用户对媒体的黏性也会更强，从而使媒体与用户建立稳定而持久的联系。

四、媒体平台转型的制约因素及构建平台型媒体的路径

（一）媒体平台转型的制约因素

1. 组织模式与管理体制的桎梏

“中国的传统媒体，包括电视，都是由政党和机构进行企业化管理，而平台媒体则按照现代企业结构和市场规则运作。”[②]媒体的运作模式和最终形态是根据内部的组织模式和管理制度来确定的。电视媒体和平台媒体不同的发展模式决定了它们不同的发展形态。在原有传播环境下建立的组织结构和制度机制已经不能适应互联网时代的信息环境，对传媒转型造成了束缚。在互联网时代，用户需求具有个性化、多样化、差异化的特点，以往的组织模式已经不能满足新时代用户的需求。为了重新获得用户，必须从根本上改变组织和管理结构，这是传统媒体面临的问题。

① 王莹，沈德华，李民胜.论高校图书馆员职业倦怠的原因及对策[J]. 科技情报开发与经济，2010（34）.

② 周磊. 中国电视构建平台型媒体的路径分析[J]. 出版广角，2017（7）.

2. 媒体责任感不强

媒体平台是对两边用户的一种组织和协调，通过用户之间有效的交易和互通为双方带来增益。在此背景下，一些平台宣称坚持中立原则，独立于两边用户，担当平台建构和规则设定者的角色，实际上却给行业带来了乱象。有研究发现，中立的后果是标题党泛滥、非“新闻专业主义”的低质众包新闻以及“做号”灰色内容经济链形成。

3. 平台聚合能力不足

传统媒体坚信“内容为王”，但新媒体时代，内容通过复制即可获得，仅有好内容无法让传统媒体摆脱当下困境。传统媒体的内容具有强大的优势，之所以面临严重危机，是因为没有好的传播平台。现在人们接受信息的途径除了电视，还有手机、平板电脑等移动端产品，它们虽然画面小，但移动性高，没有时间限制，因此用在电视上的时间大幅缩短。就算想看电视节目，通过互联网或互联网电视盒子也可以迅速接收到大量云端视频资源。新闻聚合平台的一个主要功能是结合互联网和内部数据库进行搜索，提供最新的实时动态和社会热点。但从“央视新闻+”的聚合实践可以看出，其内容主要是对央视播出内容的简单平移，只是二次剪辑和变换传播形式而已。此外，《人民日报》的“人民号”、新华社的“新华号”、南方报业的“南方 +”等都在拓展内容平台，但在融合程度与方式上存在问题。

（二）构建平台型媒体路径

1. 构建社会信息分享生态圈

社会信息分享的生态圈至少由四个圈层构成。第一个圈层处于内层面，由双向循环的社会信息产品的用户与生产者所构成，在整个平台居于核心地位；第二个圈层从内而外，是社会信息产品分享平台；第三个圈层是传媒市场核心成员及市场中介，也就是支撑社会信息产品生产和消费的多种市场主体，如内容提供商、在线出版者，以及金融支付、专业数据公司等；第四个圈层是生态圈其他市场主体，如广告商。各类产业主体最外层的则是支撑生态圈的技术平台，如云、端、网等。

2. 搭建社会信息产品的分享平台

狭义的“平台型媒体”指的是既拥有媒体的专业编辑权威性，又拥有面向用户的平台所特有的开放性数字内容实体。在社会内容产品的传播平台生态体系中，从用户获知内容的路径来看，整体的媒体平台由“关系媒体”“服务媒体”“内容媒体”构成；从整个传媒平台产品类型来看，电脑互联网端口、智能穿戴、即时通信、社交软件、门户端口、音视频 APP 等协同完成内容信息分享。

3. 构造价值网与利润池

从传媒互联网价值的整体来看，内容分享在传媒使用者中进行，由单线分享逐渐发展成网状连接，并达成价值表现。掌握价值网主导权的最大可能是用户。因此，满足用户的需求是内容生产、品牌广告、服务、平台与中介等各主体协作的焦点，用户成为连接关系媒体、服务媒体、内容媒体的节点。

4. 重新定义企业合作伙伴，构建经营模式

根据价值网的构成，在“互联网+”大背景下，充分激发产业主体的参与积极性，推动产业间的开放与合作，在数据的深度应用中，实现用户群体高配适的个性化营销。主流媒体要进一步拓展内容融合，大力实施平台战略，即要在遵守严密规范和机制系统的前提下，打造一个完善的多边自组织经营系统。将专业媒体与自媒体分散的内容聚合和系统化，形成相对均衡的内容生产系统，并在融合中拓展资源，多屏分发，以获得理想的传播力、吸引力和影响力。

5. 构建扁平化、模块化、互联网化的组织结构

传统媒体主要坚持链式层级化组织模式，但对于新媒体而言，仅一个内容聚合就可能因为层级过多而使新闻产品失去时效性。因此，为提升平台效

率，需要改变组织结构，即将链式层级化组织结构改为模块化递归和平台集簇结构。同时，也需要重构信息流程。组织结构完善是构建平台媒体的基石和关键环节，模块化递归和平台集簇结构意味着从互联网内部提高效率，通过整合各环节及要素实现高效生产和传播。

新的组织结构有以下三个特点：第一，扁平化。缩短命令链，实现组织的快速反应和横向大跨度覆盖。第二，模块化。通过企业内部较小的能够被独立设计同时又能协调运行的各个子系统，设计一种复杂的产品或工艺流程。这种模块化生产方式通过集约化合作与协调进行生产，有利于建立弹性动态反应机制。第三，互联网化。实现成员市场主体数据、信息、生产资料的网上共享。

6. 培育“共建共享共治”的价值理念

如今主流媒体已经开始转向平台媒体，在价值层面上也开始转向迎合用户，从“以传者为中心”转变为“以用户为中心”，但是存在平台缺失主流媒体的责任与担当等问题。因此，需要将中立的平台理念转变为主流媒体经营理念，赋予用户一定分发权利的同时，也要使内容提供者形成“共建共享共治”的理念，保证平台内容和价值观的主流导向。

第九章

传媒的智能化与智能传媒

随着大数据、云计算、5G 和人工智能技术得到广泛运用，互联网经由 Web1.0 时代、Web2.0 时代再到 Web3.0 时代，信息的生产者、传播者以及接收者都发生了重大变化。传播界限被打破，技术与信息界限模糊，信息生产、传播及接收都打上了大数据、智能化、体验化、终端化的烙印。传媒产业正是在互联网技术以及人工智能技术的推动下得以快速发展，从传统的、大众的、单一的传播信息时代逐步进入小众的、互动的、自动的智能时代。传媒智能化的结果形成了万物皆媒、人机共生和自我进化的泛在传媒。传媒产品超越时空界限能够满足受众各种需求的泛在分享，新闻与娱乐传媒产品实现个性化、场景化、订制化的泛在产品，传媒的经营与管理呈现扁平化、垂直化的泛在管理，传媒平台型传播处于一个更加互联网化、智能化的泛在互联网中。

一、传媒的智能化

随着互联网和人工智能技术的快速发展，传媒产业通过适应并运用新型技术而转型和创新。智能化正在成为下一个产业发展趋势，而传媒智能化是整个智能化的一个分类。

（一）智能化与传媒智能化

1. 智能化

智能化是指具有智能的机器可以观察周遭环境做出行动以实现系统目标。通过人与机器的交流沟通，机器能具备一定的学习、理解、决策能力，如机器人撰写新闻稿件、机器人新闻主播等。在智能化前提下，人们的生活发生巨大转变，传统的生产、消费、流通更加智能化。

2. 传媒智能化

传媒智能化是指人工智能技术及其产品广泛运用在传媒各领域，此时人工智能具有与人类类似的能力。对传媒智能化可以从不同角度理解其定义。第一，技术角度。传媒智能化是以互联网、移动互联网、大数据、云计算、人工智能为技术支撑的传媒信息和内容生产及处理的过程。第二，信息传播角度。传媒智能化能够提高信息生产和传播效率，不仅生产和传播在线信息和内容，而且能够通过智能手段将信息与用户需求相匹配，进行独立的新闻报道和传播。第三，生产传播手段角度。传媒智能化是通过机器自动连接互联网，通过机器生产信息和内容，并自动进行传播信息和内容的方法。第四，生态角度。传媒智能化不仅能够将个体媒体、新兴媒体相连接，而且能够通过传媒产业的全域化，推进共享、共治的媒体生态体系建设，通过系统化、生态化的传播流程，形成多元化营利并持续发展的传媒运营模式。

综上所述，传媒智能化是在人工智能技术基础上实现信息和新闻的传播与发布。由自动化生产和自主学习所构建的传媒生态系统，在给机器赋能的前提下，通过机器采、编、写并分发新闻和信息。人工智能独立、有效地参与和实施新闻生产与分发，提高了新闻报道的时效性和准确性，使用户获得高质量的体验。传媒智能化在互联网化、自动化的前提下实现社会信息传播在线化，并依据互联网平台的自组织系统，实现自动的、连接的、开放的进化生长，成为社会信息生产与消费的智能传播系统。

（二）传媒智能化特点

1. 万物皆媒

随着人工智能技术的发展，人们的生活方式发生了巨大变化，各种生活物品都可能在赋能后具备人性化特色。人类使用的家用电器、居家设备、汽车、衣物等物品都会成为信息传播链条上的一个环节或一个部分。智能终端设备，不仅让人与人、人与物之间的关系更近，生活更为方便，而且将人类置于泛在互联网的万物皆媒状态之中。随着互联网技术的不断发展和升级，信息传播的载体边界不断拓展，信息交流模式发生重大变化，人类、物品、信息能够平行地相互交流、联系、影响。从传媒产业角度来看，泛在的互联网对内容生产的各环节产生了重要影响：一是人类信息采集层面更为丰富，新闻报道的类型更加丰富；二是数据收集的范围扩大，各种传感器装置能够捕获超越人体知觉能够感受的范围的数据，如特殊环境、极端天气等，加之无人机、无人车等机器能够代替人类进入极端环境中收集数据并整理和分析，为人类提供参考依据；三是通过云计算能够快速编辑处理批量传媒内容的基本数据，进行批量化的新闻传播，减轻了传媒工作人员的工作负担和压力；四是通过算法分发技术能够对用户进行个性化、私人化、定制化的新闻推送。

2. 人机共生

随着传媒技术的发展，人类的各种感官都得以延伸，报纸对人视觉的延伸，广播对人听觉的延伸，电视对人视听觉的延伸，互联网对人所有感官的延伸，移动互联网对人的感知功能进一步拓展，使得信息传播更加自由和随意。传媒产业适应技术的发展和时代的需要步入了智能化，媒体的生态环境发生了巨大变化，原来媒体机构的组织化色彩逐步削弱，传统的信息接收需要在场的场景得以突破，机器与人类相互依赖共同生存的状态更为明显。

就传媒而言，智能化的人机共生体现在生产者和接收者两方面。就新闻内容生产而言，记者能够用机器辅助新闻报道，智能技术能够对原始新闻素材进行分析、加工、剪辑、分发，进而形成报道文本，节约了记者处理这些素材的时间,同样也使记者腾出更多的时间和精力进行深度报道或追踪报道。从用户接收新闻角度而言，智能化将用户有机结合起来。随着智能终端植入个人生活，穿戴设备的运用将用户的情感、情绪变化进行分析和处理，用户无须自己处理就能顺利接收信息。运用 VR、AR 技术再现虚拟场景，将用户直接带入真实的、原本的事件场景，感受和体验到新闻的真实性。

随着人工智能技术在新闻生产全过程、全环节的运用，人与机器的共存和协同加强，机器能够高效地进行新闻生产和分发；同时，可穿戴设备的应用提高了新闻的时效性，使得新闻生产和接收从简单的获取到全息的体验，传媒对人类感官的刺激也从功能性效果延伸到享受性效果。

3. 自我进化

智能的学习及纠错能力也随着技术升级而不断改进和提升，智能设备的运算、分析、布局和决断能力得到了质的飞跃。人工智能技术的发展从弱人工智能所进行的单一工作或数据的结构性处理到强人工智能的具有逻辑推理能力和解决问题的能力，再到超人工智能的自主维系社会系统运营。

目前传媒智能化正由弱人工智能阶段过渡到强人工智能阶段。一方面，智能机器生产的新闻报道不同于专业记者所写的新闻报道，可读性不强，对一些复杂的新闻事件缺乏深度挖掘；另一方面，深度报道仍然需要专业记者来完成。在大数据背景下，新闻数据库得到拓展，素材也得以丰富，智能机器高效、准确地分析和处理素材并依据用户的阅读反馈更改，一步一步提高新闻报道的水准。新闻的情感化也得以改善，更加符合人类的阅读习惯。

（三）智能传媒特点

智能传媒是人工智能与人类进行智能协同的信息传播方式。通过传媒的资源整合和重组，传播介质的界限完全消失，信息由音视频、图文等多种类型共同呈现出不同的产品形式，并通过智能穿戴设备与技术、无线互联网的更新普及，实现智能时代的自由社交匹配；实现个性化、私人化、场景化、定制化，形成一种新型智能传媒平台。

1. 社会信息流

新闻是隶属于公众的，是社交流、信息流的产物。依据互联网的用户赋权，又发展出“信息流”的全新概念。事实上，智能传媒才能够真正将传统意义上的“产品”升级为“社会信息流”。智能传媒的产品突破现有“新闻”与“娱乐产品”的存在形态，以社会信息数据流的样态存在，通过用户的需求、终端的接触以及算法的推荐，对新闻产品数据进行智能化、自由的匹配，并且不间断地与其他数据进行比对。因此智能化信息处于流动状态，即先将信息数据进行固化，然后连接互联网并上传，通过云端处理后形成各种数据流和信息流，然后生成新闻并分发，从而达到全息传播。这是与传统大众传媒的新闻传播形式最大的不同。互联网具有超强的记忆功能，从时间上形成纵向的数据化社会信息流而记录现实和社会历史，从空间上形成网状的多层次社会信息流，从多视角、多层面揭示社会事件，体现新闻的真实性。

2. 全时段、全场景满足用户需要

媒体使用场域的变革核心是满足用户群体在物质和精神上的兴趣与需求。传媒产品在智媒时代对用户的满足务必达到全时段、全场景的要求。万物皆媒的时代，用户可以在任何时间、任何地点生产和消费传媒产品。并且用户需要的表达方式，也将充分智能化。人与机器互动能把现有的文字界面、语言界面的沟通上升到意念界面或无界面的脑脉冲交流和沟通，个体的信息需要将得到超乎想象的满足和多级开发。

3. 全息媒体

全息媒体是指传播的呈现形式愈加多元，如图文、视频、游戏、App 等，用户可以各取所需，新闻的呈现也更为立体。智能传媒通过社会信息的全方位采集、加工与推送，还原社会事件发生发展全过程，并能进行全息化的新闻事件叙述，使得新闻传播更加个性化、私人化、场景化、订制化，而且加强了传播的互动性和体验性，能够达到全息媒体传播的境界。

4. 屏读的崛起

技术带来了阅读革命，无屏显示技术将周围环境屏幕化，也可以将图像直接投向视网膜。屏读时代，一是屏幕更加动态化，屏幕不再是静止不动的，而是处于不断变化之中；二是屏幕更加开放，在任何一个地方不需要任何显示技术就可以把周围环境屏幕化，使得我们可以通过身体及相关器官与屏幕实现互动，而且这样的屏幕能够适应人的各种心情和状态，通过软件跟踪人的情绪，依据个人情绪的变化做出相应改变。

5. 提问价值凸显

传统的新闻生产或传播，是先提问再进行解答。在智能传媒时代，提问成为人与智能平台进行互动与对话的主要方式，提问的价值更为明显，提出好问题能够获得优质的数据新闻产品，并且还能够成为智能的媒体学习范本，从而引发更多的问题，拓展社会信息分享与交流的新领域，引领产品与传播创新。

二、传媒智能化的趋势

（一）用户智能化

用户的智能化是指用户更加依赖于互联网，借用互联网进行内容的创造、娱乐的享受、信息的查找。伴随着智能手机的普及，用户也在进化，从目前的用户 3.0 逐步升级为用户 4.0。智能化用户 3.0 是指依赖智能终端进行消费的用户，他们有多种多样的移动接触终端，通过互联网技术赋权，在互联网平台上可以选择用户权，进行部分内容生产。他们大多数是互联网移民，是互联网原住民。他们的生活方式和消费方式在受到网前网后两个阶段的影响后，开始向网上移民。他们在多种场景使用互联网，进行互联网内容创造。

（二）内容生产运作的智能化

传媒核心内容生产的智能化，主要表现在：一是用机器人写新闻的机器新闻；二是传感器作为新闻采集的重要工具；三是 VR、AR 技术进入新闻生产领域，拓展用户的社会信息传播体验。

机器新闻又称为机器人写手新闻，是指运用算法对输入或搜集的数据自动进行加工处理生成的完整新闻报道内容。其特点是新闻生产完全自动化，生产主体是机器而不是人。机器新闻写作较早出现的是 Google News，实际上是借助 Web 的新闻聚合器，由后台的聚合算法实现新闻选择、推荐、聚合，达到人类撰写的新闻稿件质量，而不依赖人工在首页更新。真正意义上的机器新闻是基于算法生产的新闻，最早出现于 2014 年 3 月 18 日，《洛杉矶时报》两位记者研发的地震新闻自动生成系统 Quakebot，在地震三分钟后发布新闻。2014 年 7 月，美联社与 Automated Insights（AI）达成合作协议，使用 Wordsmith 平台实现新闻内容的自动化生产与报道，开启了机器新闻写作的大门。国内媒体紧跟其后使用自动化新闻生成系统。

腾讯财经开发了自动化新闻写作机器人 Dreamwriter。2015 年 9 月 10 日，腾讯官方发布了一条依据算法程序自动生成的机器人写作新闻稿件。此稿件在算法加持下，实现即时内容分析与研判，并自动精准分发。

同年 11 月 7 日，“快笔小新”急速生成赛事新闻报道、双语稿件以及财经新闻的信息引发关注。机器人新闻的完成包括数据采集、数据加工、自动写稿、编辑签发四个环节。

2016 年 2 月 18 日，搜狐推出国内首个股市播报系统“智能报盘”，由机器人自动跟踪、捕捉股市市场动态并即时发布资讯。VR/AR 技术的发展，提供给用户增强互动体验的新技术手段。谷歌、脸谱等互联网平台拓展 VR/AR 产品，部分转型中的传统媒体也非常重视将虚拟现实和增强现实技术导入新闻产品体验，重获传媒市场优势。2013 年，《丰收的变化》大型解释性报道在甘尼特集团旗下的《得梅因纪事报》上发布，当日点击量是普通新闻的 15 倍之多。同年，《纽约时报》推出第一款 VR 虚拟现实新闻产品，为读者提供沉浸式报道，包括纪录片、新闻现场视频等。之后《纽约时报》又推出第一批五个虚拟现实视频，重点内容是一个关于全世界难民儿童的报道，希望读者能够关注全世界因为战争而被迫离开家乡的 3 000 多万难民孩子的处境。通过虚拟现实技术，借助媒体优势，新闻传播平台可提供全方位的场景报道，以满足读者对现场体验感的渴求，实现以新技术吸引读者对新闻事件更大的关注力度。《今日美国报》也是较早尝试虚拟现实技术的媒体之一，虚拟现实技术这种全新的讲述新闻故事的方式，给枯燥的新闻阅读过程带来了极大的趣味性，让广大读者用户在体验新闻现场的过程中如同进入互联网世界一般。2015 年 9 月，《华盛顿邮报》宣布，加强视频报道业务，将 2013 年推出的视频新闻服务 PostTV 更名为 Washington Post Video。该报视频业务负责人表示，这不仅仅是一个名称的改变，未来视频编辑将会更深度整合到报社编辑部的工作流程中，并且和一线的记者保持联络。

（三）平台智能化

平台媒体是一种在线社会信息传播系统，其底层逻辑是基于平台战略形成的传播自组织，有以下特征。

1. 产消者适时在线

互联网通过终端将内容、人、服务连接在一起，相互交织，形成巨大的互联网，每个用户都在这个互联网的节点上，突破了时空限制，可随时进行内容生产、发布、分享、互动、体验、流动，永远在线。依据用户的生活方式和信息交流需要，平台适配用户数据，进行信息生产、发布和互动，争夺用户资源。

2. 自组织演化

作为一个生态系统的平台媒体，通过“草根”民众与专业生产机构相连接，将分散的底层创意与需要聚合成巨大的自组织，通过不断演进，不断完善的自我进化、自我修复、持续升级，形成用户、技术、资本、协同的多主体力量。

3. 社会信息协同分享规模化

平台智能化建构了一个具有大规模、协同化、分享性特征的自组织社会信息传播系统，颠覆了传统媒体的生产和传播方式，使社会信息的生产、传播、分享、体验，形成一个闭环系统，一个社会信息大规模协同分享的生态圈。如“今日头条”就是一个典型的智能化新闻传播平台。它基于算法向用户推送有价值的、个性化的新闻产品。

第十章

传媒产业视野下的广告生态习性及环境治理

在传媒双重属性机制下，传媒要发展，必须重视传媒的经济属性。传媒产业的快速发展和提升，推动传播体系从传统媒体的大众化、单一性向互联网媒体及智能媒体的个性化、场景化、互动性方向发展，传媒产业更为市场化、精细化、个性化。

互联网和移动互联网技术的发展，加之大数据、云计算、AR/VR、人工智能等技术的发展，推动了社会、经济及文化全方位进步，改变了人们的决策行为和行为模式，重塑了人们的生产和生活空间。随着传媒产业发展，广告环境也发生了极大变化，传媒结构性调整和资源重组升级。

一、互联网广告生态习性及治理策略

广告遇上互联网，实则是对人性弱点的利用和敞开。技术对释放人性弱点的支撑，不可避免地带来互联网广告生态习性的变化，这种变化也是互联网广告低俗化的原因之一。受互联网技术、互联网本质、互联网广告监管及互联网广告营销模式等因素影响，互联网广告生态环境已然成为较为突出的社会问题。

广告的基本特征之一就是它的“吸引力”。作为一种传播特征，其目的是吸引信息接受者的注意力，因此研究信息接受者的注意力及其表现形式成为广告研究的一个关键问题。在此背景下，作为具体“人”的信息接收者成为“吸引力”的最终归宿。“人”的注意力，在较小层面上是基于个人的需要，在更大的层面上是基于人的本性。无论是人的需求还是人的本性，都是复杂的、多方面的开放系统。这本身就决定了广告吸引力表达的不同可能性。

与传统媒体相比，互联网更加开放。互联网的开放性意味着所有参与信息传播的人都有自由表达和传播信息的空间，这使得互联网成为一个高度自由的信息平台。在这种开放性的环境下，人们不仅可以自由地获取和分享信息，还可以自由地参与到信息传播的过程中。

然而，随着互联网广告的兴起，低俗化已经成为一种常见的广告拉动因素或传播策略。通常情况下，这种广告的人性诉求逻辑是服务于人性的浅层需求，如贪欲、嫉妒、暴力等。这些广告通过利用人们的负面情绪来引起共鸣和吸引目标受众的注意力，从而达到广告传播的效果。在互联网上，低俗广告的表现尤为突出。由于互联网的开放性，低俗广告的传播范围更加广泛，容易引发公众的争议和抵制。

综上所述，互联网的开放性为广告传播提供了新的机遇和挑战。低俗广告已经成为互联网广告的一种常用手段，在这种情况下，我们应该更加重视广告与公众的关系，尽量避免制作和发布低俗广告，服务于公众利益和社会道德。

（一）互联网广告概述

1. 互联网广告的定义

互联网广告作为新的营销方式之一，存在于虚拟性、互动性的互联网空间中，广告商向目标受众进行的信息传播活动能够提升目标受众的注意。在互联网空间中，所有的信息传播方式、信息传播行为都可以纳入广告活动的范畴，用于对目标受众进行统一的信息传播活动，而且表现得更加精准。

互联网广告包括通过网站、网页、互联网、移动媒体应用以及其他以互联网为渠道发布和传播的商业或服务信息广告。得益于互联网信息技术的不断完善和互联网经济的发展，互联网广告已经深入人们的日常生活和活动中。在商业营销中，运用互联网广告既是一种营销策略，也是一种现代营销方式。

2. 互联网广告特点

（1）传播范围的广泛性。

互联网广告突破了时间和空间的限制，只要具备上网条件，就可以在任何时间、任何地点发布广告，而且互联网广告传播载体多样，传播覆盖面广，受众人数多，其实时动态的精准性大大提高了到达率。

（2）传播内容的丰富性。

互联网广告的广告主可以通过多种渠道和方式不受时空限制推销产品或服务，版面大小、时间长短、频次安排、多重组合、策略调整均能灵活多样，完全不像传统媒体那样受限，因此可以生产非常丰富的传播内容，传播的信息量极大。

（3）表现手段的多样性。

互联网广告集合了传统广告的优势，形成声音、图像、文字、链接、动画于一体的多媒体广告，有较强的感染力，更能吸引受众。

（4）信息传递的交互性。

互联网广告克服了传统广告单一性和被动性的接受模式，通过交互性平台，依据受众的需要提供广告内容，能更好地适应广告市场的需求和变化，用户还可以直接与商家进行交易，实现在线交易，信息的反馈也就更加及时。

（5）广告投放的精确性。

互联网广告借用大数据、云计算、人工智能等先进技术对目标受众进行全方位的调查和分析，通过360度画像和数据分析，进行个性化、定制化的精准广告投放，提高广告投放的有效性和精准性。

（二）互联网广告的习性

互联网广告的习性是指互联网广告的低俗化，主要体现在广告内容、表现形式、传播形式上。具体可分为以下几类。

1. 直白的性诉求

这种低俗化的广告刻意突出人类的性征，迎合部分消费者的生理需求，让观众产生性联想，刺激观众的性欲。这种广告可能会采用一些女性搔首弄姿的照片或视频，以及模拟性行为的动作和声音等手段，以此吸引更多的目光和注意力。这种做法对于社会性别观念和科学的性观念来说，带来了很多负面冲击。低俗的互联网广告刻意污化女性形象，在某种程度上强化了性别歧视观念和行为。这种低俗化广告在形式上可能会吸引更多的用户，但是对社会的公序良俗会产生很大的负面影响。

2. 夸张化的血腥、暴力

互联网广告既有传统广告的特点，如刺激性强、有针对性等，也有互联网传播平台的独特性，如互动性强、传播速度快等。然而，相较于传统广告，互联网广告过度突出了血腥和暴力，尤其表现在互联网游戏和影视剧的广告中。这种广告渲染血腥和暴力来吸引受众尤其是青少年群体的注意力，会对受众的心理和健康产生负面影响。这种广告会使受众产生血腥的快感，影响他们独立思考的能力和正确的价值观，增加青少年犯罪的风险。

3. 粗鄙化、虚假化的广告语

广告语是广告文本的灵魂，在广告的宣传传播中具有重要作用。一些广告语的粗鄙和虚假会严重影响广告行业的声誉，甚至会诱导消费者做出不理性的决策，损害消费者的利益。粗鄙的广告语是对文明社会的污染，也是对消费者心灵的污染。互联网流行语也呈现出低俗化的现象，使消费者身处恶劣的语言环境，降低人们的审美趣味，对精神文明建设产生破坏作用。虚假广告则更为严重，它们常常编造或虚构广告产品的一些特征、成分、特性等，误导消费者。这类广告不仅有欺骗性，而且可能导致消费者无法获取商品的真实信息，进而做出不理性的消费决策。这种虚假宣传的行为不仅会损害广告的公信力，而且严重影响社会的道德和诚信建设。

4. 病毒式的传播手段

与其他传统的单向广告不同，病毒式广告主要是指越位传播，即使受众是广告的联系人，也只能是广告的第二个分发者。病毒式广告主要依靠互联网投放的方式进行传播，因此增加了互联网广告传播存在的不可控性，人们

难以在传播的初期阶段充分评估广告风险及其对受众的影响，并且很难在传播过程中有效地控制其覆盖范围和流量，也很难评估其影响。病毒式广告的强迫传播特性，也让它四处泛滥，常常显示在线弹出广告、横幅广告、链接广告和手机广告中等。这些广告形式不仅不符合广告信息的规范，而且给消费者的日常生活带来了极大的干扰和不便，破坏了互联网上正常的信息流通。

因此，广告商应该自觉维护市场积极的主流价值观，设定正确的道德标准，促进健康的价值观以及提高公众的审美能力。只有这样，病毒式广告才能在不影响互联网上正常信息流通的前提下发挥其应有的宣传效应。同时，广告从业者也应该严格遵守广告法规、宣传道德和社会责任等方面的规定，确保广告信息的合法、真实和客观，营造良好的广告文化氛围，推动广告行业的健康发展。互联网广告的低俗化恰恰与此目的背道而驰。可以说，如果允许一些低俗的互联网广告泛滥，将严重削弱广告作为社会主流价值观支持者和建设者的功能。

（三）互联网广告生态环境治理

互联网已逐渐演变成一种新型媒体和一种生态模式，定义了互联网用户的日常生活。如果允许低俗的互联网广告传播，则将有害于社会大众的心理、行为和审美。对低俗的互联网广告的控制是一个系统工程，必须基于法律，并且针对整个互联网广告市场和从业人员。

1. 逐步完善相关法律法规

建立健全市场监督体系以及法律体系是主要手段。应对互联网广告的问题，迫切需要仔细研究它的各种特征和形成原因，并在此基础上制定严格的法规和指导方针，更好地实施市场监督。

控制低俗互联网广告，有必要进一步解决现存问题。首先需要在政府的引导下营造良好的互联网传播环境，以提高互联网媒体的公信力。其次必须结合互联网本身的特点，清除媒体平台污染。最后，基于市场监管的法律法规，定义和改进互联网媒体传播的道德体系和行为守则，严格审查互联网信息服务平台发布的信息，监管整个过程，一旦违规，及时封禁发布平台。

需要强调的是，互联网平台上，各种社会和经济组织大量投放广告，治理的责任和问题是不一致的，因此各级政府和有关部门必须进行协调，工商、信息、食监、药监、卫生防疫、通信、公共安全等诸多部门均应参与其中，构成管控与治理的强大网络。

2. 建立广告主自纠自查和消费者索赔机制

为了有效治理互联网广告低俗化和其他违法违规行为，我们不仅需要提高互联网监控能力和管理水平，还要建立广告主自纠自查和消费者索赔机制。

为了加强监管，我们应该扩建和完善我国现有的基础传输互联网，并加速构筑一个能够涵盖全国、更好地提供信息流量的新一代公共信息互联网。同时，适时地采用现代科技手段如大数据等进行监管，及时查处或惩罚低俗违规的互联网广告，并向社会公布信息，增强部门的社会公信能力。

同时，治理互联网广告的低俗化和其他违法违规行为，不能只依靠惩戒，应该加强源头管理。因此，我们需要尽快建立互联网广告主自纠其错和消费者对其索赔补偿的机制，广告主通过自纠自查，能够认真审查广告内容的质量，提高广告服务水平，有效地避免低俗化现象。消费者索赔机制，让消费者对互联网广告进行监督和维护。消费者可以通过投诉、举报等方式，对违法违规的互联网广告进行维权和索赔，从而起到提高互联网广告服务质量的作用。

总之，建立广告主自纠自查和消费者索赔机制是治理互联网广告低俗化和其他违法违规行为的重要举措，需要各方面和相关机构的共同努力，才能建设更加和谐、健康、有序的互联网广告市场。

3. 培养专业的广告人才

推动互联网广告专业技术团队的建设，探索和构建在线广告评估系统，为相关政府机构和企业提供全面评估互联网广告的规范。

为了全面控制互联网广告的低俗化，我们需要发展一个全面的互联网广告效果评价体系，以提高评价技术和评价方法，同时也提高专业团队的整体综合素质。

在解决各种类型的互联网广告人才团队的专业水平差异上，我们可以通过行业组织举办更专业的互联网广告人才培训班和在线广告设计师资格评估课程。

在广告形式上，我们应该积极放弃传统的弹出广告和垃圾邮件广告，创造性地利用在线广告的媒体特征，设计和制作切实可行的广告，以收到更好的广告效果。此外，富媒体和通信广告必然会变得越来越流行，在线视频广告也不可避免地会成为互联网广告的重要形式，利用互动功能互联网广告也可以呈现更加新颖和吸引人的特点。

我们还需要重视广告接受者的媒体素养。在公众媒体素养较高的环境中，接受者会意识到低俗互联网广告，并抵制它。因此，我们需要加强公众的媒体素养教育，让接受者更好地认识到自己的权利，以消除互联网广告的低俗化现象。

总的来说，需要加强广告效果评价体系、互联网广告人才培养、创新广告形式和加强接受者的媒体素养教育等多重努力。这样才能使全网广告更有质量和创造力，更符合公众期待和价值。

二、微信广告生态习性及环境治理

随着互联网技术的不断发展和移动社交媒体及自媒体的崛起，广告的传播形式也在不断变化，微信作为中国最常用的移动社交平台之一，已成为重要的广告平台。微信基于“熟人社交”而逐渐发展成为封闭行业驱动的“关系领域”，这种新的传播方式既改变了传统媒体中受众的局限性和单一属性，也使得微信成为广告主青睐的重要渠道。

在微信平台上，由于访问权限和门槛较低，用户流量巨大，运营成本较低且传播范围广泛，因此微信具有高到达率、高用户黏性和强大的交互性等优点，成为广告主青睐的渠道之一。广告的形式也在逐渐变化，如从最初朋友圈的悄悄广告到现在直接面向微信用户的公开广告发布。

总的来说，微信作为中国最具代表性的移动社交应用软件和产品，已成为重要的广告平台。在利用其进行广告传播的过程中，应注重合规性和广告内容符合用户需求，以更好地维护广告的可信度和品牌形象，最终实现营销目标。

（一）微信广告定义及分类

1. 微信广告的定义

微信广告作为一种社交媒体广告形式，利用了微信这一庞大的社交媒体平台，将广告信息传播给广大微信用户。通过微信广告，广告主可以在用户使用微信时向他们展示相关的广告信息，从而提高品牌的知名度和销售额。同时，微信广告也为用户提供了更多的消费选择和方便，可以帮助用户更好地了解商品和服务，从而满足用户的购物需求。微信广告还提供了精准的广告投放和数据追踪功能，可以让广告主更加精准地锁定目标受众，了解广告效果，从而优化广告投放策略，提高广告投资回报率。总之，微信广告在现代社会中成为一种重要的营销推广方式。

2. 微信广告分类

（1）定向投放的信息流广告。

一些微信广告经营者或其网站根据微信用户的不同浏览习惯偏好，明确地将其广告进行标注，发在其目标用户的朋友圈，用户可以根据自己的浏览喜好关注或屏蔽。

（2）公众号广告。

申请并推广微信公众号，吸引用户主动关注，企业或机构每天向用户推送消息，明里（硬广告）暗里（软文）地传播广告信息，促使用户产生兴趣和欲望，最后形成购买。

（3）公众号广告位中的条幅广告。

条幅广告一般放在公众号较为醒目之处，用户在阅读公众号时很容易识别出来，形式上与最普通的品牌移动端和互联网广告条幅不同。它们往往分别同时出现在具备一定用户规模和活跃用户数量的品牌订阅微信公众号、品牌移动官方网站、品牌的微信微博等多个广告位上。

（4）其他广告方式。

其他广告方式包括原文链接、二维码、广告姓名评论以及软文或者视频贴片等。原文链接多搭配条幅广告使用，通过与其他网页或终端文字连接起来，用户只要一点击就可进入另外一个页面。二维码常见于需要推广的公众号，尤其是一些付费的公众号里；通过二维码能够进入公众号需要推送的页面，用户付费后可直接进入。广告姓名评论就是以广告语和品牌名作为微信用户名，然后以此加好友或在公众号下评论以吸引关注，从而达到广告效应；用户购买广告产品或服务前通过阅读他人的评论并看评论的分数确定自己是否购买。视频贴片广告是指视频、内容分享类网站中正文内容的片头、片尾或插片播放的视频广告。视频贴片广告分为前贴、中贴、后贴广告，用户依据视频贴片广告确定自己的喜好后再决定是否购买。

（二）微信广告传播特征

1. 圈层的交叉与互动性

互联网广告去中心特点对微信广告来说同样存在，广告的传播者与接收者界限模糊，广告的生产者既可以是广告传播者，也可以是广告接收者，反之亦然。微信是依赖于朋友圈和熟人关系所形成的社交圈层，朋友圈的广告通过用户点赞、评论、转发等方式完成并扩散，达到圈内圈外的沟通和交流，实现二级或多级传播，其传播效果通过圈层的交叉与互动而达成。

2. 粉丝集群性

微信朋友圈是具有一个强关系与弱关系熟人间的社交平台，朋友圈里的共同爱好、话题、关注点在此形成裂变式传播。朋友圈具备社群特点，微信运营者与粉丝、粉丝与粉丝之间的交流和沟通建立起粉丝群体，提升了用户对其微信（实质上是企业/产品/品牌）的忠诚度和黏度。

3.精准投放

随着大数据和云计算的使用和推广，系统通过360度用户画像和大数据挖掘，对用户的年龄、地域、兴趣、爱好等进行分析和提炼，从而实现具有个性化、私人化、定制化的精准投放，广告的有效到达率明显提升。

（三）微信广告的生态习性

作为以现实的社会交往活动关系为基础发展起来的互联网交流平台，微信具有独特的生态习性，具体表现在以下几个方面。

1. 广告的隐蔽性导致广告界定不明确

微信平台作为即时通信的重要工具，信息大部分是用户之间定向传递，且其他用户难以掌握。更关键的是，关系链效应会导致微信平台的信息在较短的时间内呈现出若干个几何级的裂变和增长。这意味着虽然监管方能够及时追踪到信息来源，但也很难彻底地清除所有的违规或违法信息。加之隐性广告的推销性掩盖在文本中，很难确定其是否符合广告发布的规定。因此，除了平台的举报和消费者投诉外，监管方很难及时地发现和适当处理违法违规信息。

2. 广告主体的不明确导致筛查广告不确定

在中国互联网上，微信以注册绑定移动电话卡用户作为接入条件，通过互联网移动服务平台，微信开放用户登录，注册后微信用户便可以自主选择发送信息。然而，众多个人用户往往有机会将广告主、广告服务运营商、广告信息发布商三者合于己身。这使得传统的互联网广告传播主体三分法不再适用于现实。各种身份相互重合，基于其合法身份而共同产生的法律责任与权利义务就难以明确进行界定。此外，微信、微博、公众号等平台上的各类广告信息转发极为常见。但是，是否将所有广告转发者都归属于相关法律规定的主体？如果付费广告的转发者自身没有准确充分地识别其内容真实性和广告属性，由此产生的违法行为如何进行判识？更麻烦的是，当非实名认证的微信账号发布违法违规的互联网广告时，监管方很难迅速追溯其真实源头，并且从互联网上追查到的信息是否有效、搜集是否合法，也是执法者面临的困难。另外，转载、转发、共享可能涉及对互联网用户利益的侵权，但所需证据不易合法锁定。此外，侵权行为的初始发生地和被侵权的受害者的属地可能天南海北，这使得相关监管部门需要联动做好互联网安全执法，但工作难度很大。

3. 违法广告的取证、固证难，导致广告执法难度大

部分微信用户直接通过无记名的微信电话卡和一个虚拟的账号进行注册，这些用户一旦成为微信移动广告的主体发布者，追查出其确切的个人身份的概率相对比较低；同时，微信中所有人发送的广告记录都能自动撤回、自动删除，这也可能会同时给广告证据的及时搜索、主体的及时锁定等工作带来困难。而且，海量的微信广告除了部分为用户关注度重点的微信公众号广告平台易于监控外，对用户之间和个人朋友圈中的广告信息，现有的常规技术监测和分析手段可能根本无法进行有效的工作。监管的薄弱乃至能力缺乏，必然会给行政执法人员带来许多不可预估的困难。

（四）微信广告生态环境治理

广告的本质是信息，信息生产与传播环境的深刻改变必然带来广告从业环境的适应性改变。以互联网为技术载体的社交媒体与自媒体迅速普及，从根本上改变了受众身份的单一性。在商业广告代理领域，广告主的操作和市场运行各环节需要担负的社会责任，应加以明确区别与合理分解，然而其有效途径正面临困境。更加需要引起我们注意的是，目前我国正在实施的数字广告行业监督行政管理制度，以职能管理部门的监管和企业社会自律为主，行业内部社会自律管理为辅，而职能管理部门的组织监督实施力度因为诸多原因难以达到理想程度；在微信营销广告的监督层面，组织实施和执行监督

的空间有限性与行业社会自律与自觉的监督低效性越来越凸显。

诚然，“依法”必然是现代社会运行与治理的首选基本原则，但在复杂的社会环境下法亦非万能。对微信微博广告的市场监督上，需要在法律的刚性控制原则下，逐步加快实现多元主体的行业共同管治。

多元化的共同利益治理机制，一是突破了“政府—行业”的二元化对立治理模式，引入“国家与社会”的利益关系治理模型，以依法治国为主导，以公共治理为基础，把公民的权利作为立法及执法的基础。在加强政府监管方面，它需要关注的问题是如何重建监管制度规范和加强监管专业人才的有效吸收。重建规则主要根据实际使用情况下，涉及微信的互联网广告消费市场、互联网广告行业，对微信互联网广告经营违法行为处罚标准进行清晰的明确定义。同时，对平台主体责任、义务、管辖权的划分、证据收集与隐私权的范围、刷新骚扰等有争议的问题作出相关规定。

这不仅需要企业整合并建立专门的监管团队，还可能需要企业配备更多有效的、针对性强的监管设备。在加强行业监管方面，注重严格市场准入，加强平台行业自律。在市场准入制度方面，健全用户身份验证要求和程序，从源头开始监管。然而，在这个过程中，也必须建立一个严格的广告用户隐私信息安全管理与保护系统；涉及用户隐私信息的广告，必须充分尊重其隐私意愿和保护内容。平台主在发布广告时，必须依照国家有关法律法规进行审查。如果用户发现任何内容违反法律法规，平台必须立即删除并停止转发。

在这两个方面，微信支付平台企业应该建立一个更有效的保护系统，以有效保护广大消费者的一切合法权益。如建立企业用户安全风险监测预警系统，预设大量涉及账户安全、账户固定资产等多个方面的风险关键词；建立用户聊天对话内容中的关键词自动触发提示预警功能；加强网站链接信息扫描技术，拦截恶意诈骗网站，为广大消费者建立一个多角度多层面的账户风险监测预警体系。同时还要提供多种服务方式处理报告，改善微信举报处理过程，及时公布反馈报告处理结果；微信营销广告的代理违法行为完全纳入我国现有的微信广告代理市场的综合信用体系建设。广告服务经营者涉嫌违法发布广告的，应当及时恰当地予以处理。

在完善社会管理方面,应十分关注社会公众的自愿监督和积极参与意愿，努力建立利益相关方的社会联动机制。广告授权监管机构可以依据新媒体的广告授权量和用户数量，改变传统互联网媒体运营环境下广告受众的弱势地位。充分调动广大用户以及公众的参与力量，实现广泛的、深度的互联网广告信息监管。充分探索利用多样化的企业微信用户广告服务投诉处理渠道，为微信用户随时提供方便、快速、有效的广告投诉处理渠道和市场调查。同时，公众也可以通过发送信息、电话咨询等手段保护自身的合法权利。充分发挥各种各样的广告投诉信息受理服务平台和各种知识产权受理机构的职能，及时受理投诉，加强与公安、通信、文化和其他相关职能部门之间的合作，建立部门联动机制，通过职能部门之间的相关信息资源共享，切实掌握微信公众广告投诉调查处理动态。与此同时，还可以探索建设信用模式，由公众主导微信广告的传播。

从发展趋势上来看，微信等移动社交媒体互联网传播领域的微信广告，将随着移动互联网信息技术的快速发展不断创新演变，呈现出更加丰富多样化的表达形式和各种传播驱动机制。这也就意味着，当前互联网环境下基于广告代理监管的市场不可预测的日益复杂性，监管部门、广告代理运营机构、平台和广告消费者都仍然需要始终立足于快速发展的市场大势，严格依法遵守并自觉依法践行自己的合法权利和社会责任。在这个前提下，多元行业治理新模式的机构应尽快发展形成，通过共同行为规范约束互联网广告传播服务领域的各平台，以促进互联网广告业的健康有序发展，营造健康的互联网广告产业环境。

三、微博原生广告的生态习性及环境治理

互联网技术用于信息传播，改变了传播结构，即实现了信息的非线性传播，颠覆了曾经的线性传播模式，传播过程参与者之间的关系也发生了巨大转变。作为以信息为依托的广告，更因其肩负极具特殊性的经济使命

而产生了强烈的“适配”敏感。以社交媒体平台微博为例，它与正在迅猛发展的原生广告结合，发生演变与升级。以前的广告与传统媒体内容的结合并不是浑然一体，而是简单依附或割裂其内容以求广告信息的传播，而现在的原生广告、广告信息与媒体的内容、形式等方面做到了完全融合，内容与广告浑然一体。在这种发展背景下，原生广告作为互联网技术发展下的新生广告模式，使广告信息的传播进入新阶段，同时也为原生广告的监管与治理带来新的挑战。

（一）微博原生广告界定

2011 年 9 月举办了世界瞩目的 OM-MA 全球会议，弗雷德·威尔逊在会上提出了“原生”概念。他认为：“互联网背景下存在原生变现系统，众多衍生的新广告形式将存储于该系统中。”不过，作为新兴衍生的广告形式，学界和业界目前缺乏对该广告形式的共识。2013 年，美国互动广告局发布了《原生广告工作手册》，认为原生广告不仅被赋予了一种愿望的概念，也被认定为一系列广告产品类型。其中，被赋予的“愿望”主要指广告的一致性即在内容、设计甚至用户行为等方面存在高度适配性。除此之外还存在差异之处，Share Through 作为原生广告网站，给出了不同的定义，认为原生广告可以被当作一种让用户付费的媒体广告形式，“该广告类型的投放必须遵循所投放的目标网站形式及用户触媒习惯，使得该广告与页面中的普通内容高度适配，毫无违和感”①。国内学者喻国明表示：“原生广告一方面在内容与风格上与页面统一，并且整体融合于页面之中，另一方面含有广告的网站界面紧密贴合用户的触媒习惯。”②学者金定海和徐进则提出，原生广告的特征可囊括为两点：“一是原生广告内容必须在兼具价值的基础之上去迎合用户的媒介使用习惯；二是广告的表现形式与所投放和搭载的媒体平台应当高度融合。”③综合来看，原生广告其实是互联网时代的产物，与互联网传播环境

① 康瑾. 原生广告的概念、属性与问题[J]. 现代传播，2015（3）.

② 喻国明. 镶嵌、创意、内容移动：互联广告的三个关键词——以原生广告的操作路线为例[J]. 新闻与写作，2014（3）.

③ 康瑾. 原生广告的概念、属性与问题[J]. 现代传播，2015（3）.

（包括平台、网页、内容、用户习惯等）相互嵌生相互融合的一种新型广告形式。与传统广告相比，此种广告有突出的融合性、渗透性和精准性。

（二）微博原生广告特点

原生广告作为伴随互联网演进而来的新生广告模式，更加符合当前互联网广告追求自然融入媒体，实现广告信息精准有效传播的发展目标。其具体特点为以下三个方面。

1. 传播内容的融合性增强

原生广告将广告内容变成信息，融合在搭载的媒体之中，让广告作为有用的、有意义的信息出现在受众眼前。当受众阅读媒体传播的信息内容时，也一并接收到作为信息的广告内容，广告信息潜移默化地传播给受众。因为广告信息作为媒体信息的一部分，迎合其兴趣或需求，受众也不会有逆反或抗拒心理。例如 2021 年 3 月 26 日，明星杨颖在新浪微博发布一条带有“奔跑吧 9 官宣”话题的微博。4 天内，该微博点赞量近 13 万，评论量超过 5 万次，转发更是将近 8 万条。其中前排的评论如“期待全新奔跑吧”，被点赞也达上千次，可以明显看到这条微博对节目的宣传效果明显，受众因为对明星的期待而更加愿意接收广告信息。

2. 传播环境的渗透性增加

原生广告与传统广告将内容与广告进行简单叠加不同，其内容渗透进媒体内容中，广告信息与媒体内容合二为一，在内容、形式与风格等方面都跟媒体内容保持一致，为受众创造更加具有情景代入感的传播环境。例如，微博系统会自动推荐一些含有原生广告内容的微博出现在用户首页界面，这些含有广告信息的微博与首页其他微博在内容风格与形式上表现一致，当用户点击阅读微博全文后才能知晓广告内容。

特别值得注意的是，微博系统的首页推荐信息，是系统基于用户行为习惯、兴趣爱好等大数据算法而选择的用户感兴趣的内容，使得用户的首页变成既有自身所需信息又含有迎合其需求的原生广告平台，使得广告信息自然出现在用户浏览界面，增强内容的渗透性。

3. 更重视广告受众的个性化和精准性

随着技术的升级换代，原生广告的投放也可以实现精准触达。系统后台捕捉用户使用行为后，通过大数据对海量的用户数据进行分析，形成消费者画像。广告主投放的原生广告便可以根据消费者画像来进行制作与编排，以迎合其兴趣爱好或行为习惯，并推送到相应人群。广告与目标受众高度匹配，实现了广告内容的精准传播与个性化传播。微博作为国内热门的社交平台，具有庞大的用户群体，用户日常在平台完善基础信息、浏览页面、签到以及与平台其他人的互动都可以形成用户行为数据，平台了解其兴趣、习惯与需求，从而为原生广告的精准且个性化投放奠定扎实的用户数据基础；通过对用户行为特征的全面分析，广告可以投其所好，提高了传播效率，微博平台原生广告也因之发展态势迅猛。

（三）微博原生广告生态习性

广告本身具有浓厚的商业属性，其本质是为利益而生，这也导致广告为了实现利益而不顾市场规则，给监管与治理带来一定难度。原生广告与媒体内容融合，本身具有隐蔽性而难以识别，增加了监管难度。其原生性为广告监管带来挑战，具体表现在以下三个方面。

1. 原生广告的精准触达可能侵犯用户合法权益

（1）实现精准投放的前提是，基于海量的用户数据得到全面的用户画像，这在某种程度上就涉及用户的隐私。用户在微博平台所产生的数据一般可以分为两类：个人基础数据和平台互动数据，前者如性别、年龄等，后者如内容偏好、阅读时间等。这些数据的收集使得用户在平台的行为举动仿佛被平台监控，平台还进行用户行为分析，并运用于广告投放。这是对用户隐私的侵犯，用户隐私安全受威胁。此外，广告的精准推送可能影响用户的信息体验。原生广告虽然与媒体内容保持高度一致性，但是过多的推送会让用户对此厌烦。当用户沉浸在内容界面时，下滑界面突然出现推送内容，干扰了用户的信息体验，可能影响用户对广告主以及平台的评价，产生负面效果。

（2）原生广告的推送不仅做到了精准，甚至实现了千人千面，迎合用户喜好。如此也使得用户被困于信息茧房，只接触到系统以为其会感兴趣的信息，用户接触信息面变窄，信息获取权受影响。这些都使得原生广告发展存在一定的问题与挑战。

2. 原生广告的隐蔽性是监管的难题

原生广告的隐蔽性体现在两方面：一方面是内容的融合，广告作为信息与其他用户所发布的微博相同，甚至就是其所发布的微博的一部分；另一方面是形式与风格的融合，广告以用户所喜欢的形式与风格出现，用户对广告内容的防备心理被削弱。新《广告法》明确规定：广告必须标明“广告”字样，但是有些微博并没有标明“广告”，其形态与普通微博并无不同，因此无法判定此条微博的具体属性。微博上没有标明“广告”字样的原生广告很多，若是用户因其上当受骗，维权会变得十分困难。而且面临海量的信息，识别与判定广告也是一个挑战，这也加大了广告监管难度。

3. 当前监管技术与原生广告的迅速发展不匹配

原生广告是基于平台日积月累的用户信息，从而进行定向投放。福柯理论认为，原生广告的产生主要依托于“全景监狱”式的用户信息数据库。在这个封闭式的“监狱”里，用户的一切行为都将以数字信息的形式留下痕迹，这些痕迹会被系统捕捉并将其存放至数据库中。但该“监狱”型的数据库却缺失准确有效的监控措施/系统。

在一些法律实例中，精准确定广告主体已成为一个现实困境。《广告法》虽然界定了广告各方权利的义务，但是该规定却无法在原生广告中直接应用。原生广告的零门槛准入制度导致广告监管主体良莠不齐，监管困难重重。除此之外，互联网的“去中心化”特征对新广告法的地域管理原则形成了挑战，将不可避免地影响跨区域协调和联系，也导致执法实践成本增加。

（四）微博原生广告生态环境治理

针对微博本地广告的特点，如内容和形式的隐蔽性强、不易识别，应对监控系统进行升级，实施评价结合技术的持续改进，促进相关监管法律法规的完善。

1. 创建针对原生广告的可信度评估和管理体系

立足于“自然不受监管”的原生广告内容和形式，有必要对原生广告的监测信息系统进行升级，并创建可行的原生广告可信度评价和管理体系。一旦原生广告出现部分信息可信度欠缺问题，就可立即启动警告或强制化退出程序手段。也可以实施第三方评价方式，使得原生广告领域能够形成公信力较高的评价管理体系，使监管公开、透明、合法。从技术上来说，广告监控技术已经很成熟了，新的监控系统能够提高对原生广告的监督效果。

2. 依托“舆情大数据”手段引入用户评价体系

原生广告具备精准投放的显著优势，因此可以依托其强大的技术优势将用户的反馈引入评价体系之中，创建类似的“舆论大数据”，依托于用户评价对原生广告实施分类化管理。除此之外，监管机构还可以通过用户评论倒逼原生广告发布者加强自律。大数据挖掘、类名提取、源代码扫描已经成为互联网广告监管有力且有效的手段。采用与时俱进的技术手段，引入第三方评价、用户评价等社会力量，不难形成以法律法规为要求，以广告主体自律为主导，以相互规约、利益共存为支持的监管体系。

3. 明确微博平台保护用户隐私的责任

在有法无罚的基本原则下，综合立法与执法监督可以在法律层面上更有效地联系起来。鉴于此，对广告参与主体、广告运营中各主体责任，尤其是微博类社交平台用户隐私保护方面的责任界定变得尤为重要。应当优化原生广告的管辖原则，尽可能避免行政执法中多重管理和执法难度较大的问题。

当然，对原生广告的监管更需要政府、广告主、媒体、平台、用户、行业发展协会等协同努力，才能有望实现预期效果。

当然，这必然会存在很多现实困境。广告主，抑或媒体经营者，都必须加强引导形成行业自律，尽量减少原生广告可能会对用户造成的潜在危害。政府需要完善对原生广告的监管，同时监管本身也需要考虑原生广告对广告业的重要性，既要充分考量使本土广告健康有序发展，又要在科学性和可持续性上实现更长足有效的监管。

四、短视频广告特征及生态习性

伴随着智能终端与移动互联网技术的普及优化，视频移动化、资讯视频化和视频社交化已逐渐演变为用户使用“常态”。短视频广告作为一种新型视频广告形式也在此背景下应运而生，愈来愈成为产品推广与品牌营销的主要手段。然而短视频广告碎片化和内容短时化在为短视频广告发展带来巨大红利之际，也因过分追求经济效益而滋生了众多违规失范问题。

（一）短视频广告定义

讨论短视频广告，概念意义上的起点绕不过如何理解“短视频”。作为视像文本，短视频之短首在其时长之短。追溯视像文本在互联网平台上从微到短的经过，似可见内蕴其中的移动传输技术的发展历程。直言之，短视频的出现主要是视像文本在传播上与移动互联网相适应的结果。虽然，短视频之短不太可能有一个精确的时长标准，但划定一个大致的范围显然有助于相关讨论。目前学界和业界对短视频的概念形成了广泛共识，短视频时长范围大致在 5 分钟，投放平台主要依托于移动互联网。

（二）短视频广告传播特征

1. 传播内容碎片化

从文本接受与创作的角度而言，短视频广告碎片化是基于互联网传播环境主动创作和适应接受的必然结果。因为短视频广告主要是基于适应移动互联网碎片化时间而衍生出来的。[①]当然，适应并不止于外在形态，还包括内在结构。由于短视频广告存在时长的限制，创作者必须倒逼自身在文本内容、信息结构、话语表达、艺术呈现等角度不断创新，既要注重内容周延性，也要兼顾表现形式的吸引性。当然，短也会导致内容的粗制滥造。由此可见，以碎片化为显著特征的短视频广告在内容输出上极易出现两极化态势。

2. 传播主体多元化

伴随视像文本制作技术的不断发展提升，短视频广告的制作技术门槛也在逐渐降低，而且短视频广告时长较短，它的内容规模更无须高水平的制作技术。基于这些特征，短视频创作主体自然呈现出普泛化的特征。

以移动互联网为平台的传播所具有的突出自主性，使短视频的传播者在实际上广延为网民。制作者与传播者相叠加，传播主体必然多元化。

3. 传播渠道社交化

短视频广告的小容量使其分享更加便捷，同时以社交为分享特色的移动终端的助力，更为其分享提供了便捷化条件。2019 年春节档广告《啥是佩奇》迅速占据微信圈等宣传阵地，便是短视频广告传播渠道社交化的典型案例。但我们也应当关注到，短视频广告传播的社交化导致其传播很容易囿于特定的圈层——主要由于短视频广告传播主体的社会交往活动总是与其所处圈层紧密相关。

需要重点关注的是，以短为显著特征的短视频广告如果想要利用受传者的碎片化时间达到广告效果，就必须强化用户定位和精准投放能力，将目光聚焦在技术驱动、广告原生性、用户参与互动等维度上。首先在技术驱动上，短视频广告应当大力依靠大数据和算法技术的支持，力求将广告内容精准投放到目标人群中。此外，还应当依靠数据分析技术去力争实施定制式服务，满足用户个性化需求。其次在强化广告的原生性上，主要指

---

① 朱杰，崔永鹏. 短视频:移动视觉场景下的新传媒形态——技术、社交、内容与反思[J]. 新闻界，2018（7）.

注重短视频广告形式、内容、渠道等要素的原生。在广告形式上要学会借助和依托不同的视频传播形式，做到将广告信息融于其中；内容上坚持用户原创，力求达到广告即内容的效果；渠道上关注信息流视频对其营销作用的发挥，关注重用户的转发率、参与感和互动频率；在"精准定位精准营销"上，加强用户导向，充分利用好用户对碎片化时间的需求。[①]在此基础上，要加强适时引导作用，引导用户参与短视频广告效果评估，充分挖掘用户意见和建议。

（三）短视频广告的生态习性

对于商业广告而言，无论是其传播行为还是其传播文本，都以追求"经济利益"为核心导向。该导向下的短视频广告，紧跟传播技术的发展轨迹，积极贴合传播环境，进而产生了短视频+原生广告、短视频+植入式广告、短视频+贴片广告等纷繁的广告形式。短视频原生广告，通常投放于需单独付费的平台之中，大多于社交信息流、新闻媒体、垂直应用之上。通常情况下，短视频植入式广告不仅只依附于视频形式而存在，也常依附于视频网站、视频 App、新闻资讯类媒体等信息流中，如爱奇艺常见的小剧场广告常常依附于电视剧中。短视频贴片广告主要体现在各类短视频播放前、播放暂停中、播放完后插播的图片、视频和 FLASH 等几大环节。短视频原生广告凭借其独有特征和特有表现形式，在充分满足市场和用户多维度需求之际，也潜藏着诸多"利益驱使"下的监管困境。

1. 准入门槛低导致违法广告盛行

短视频广告主要以移动互联网为主要传播载体，低门槛和低成本是其突出特征，正是基于该特征，眼球经济和利益驱动下的违法者有了可乘之机，短视频广告中涉黄、涉暴、诱导性等内容明显。与此同时，由于缺少准入门槛的限制条件，未成年网民的权益受到了极大侵犯。据 CNNIC 发布第 51 次《中国互联互联网发展状况统计报告》显示，截至 2022 年 12 月，我国网络视频（含

---

① 王洁. 短视频的流行及监管[J]. 中国广播电视学刊，2018（12）.

短视频）用户规模达 10.31 亿，较 2021 年 12 月增长 5 586 万，占网民整体的 96.5%。其中短视频用户规模为 10.12 亿，较 2021 年 12 月增长 7 770 万，占网民整体的 94.8%。[①]短视频广告中涉黄、涉暴等内容对未成年人健康成长产生的负面影响显然不可低估。但对短视频广告中存在的不法内容进行界定和定性，并据此评估其潜在危害，在操作上却难以实现。

2. 监管技术的有限性导致难以实现追责

伴随着技术手段的更新迭代，短视频广告的发布方式呈现出动态性和多样性的明显特征，且常常与短视频内容融合，该现状导致从源头上审查短视频广告变得十分艰难。再加之短视频广告的海量性使得短视频广告的审查更依赖技术而非人工，这也为短视频广告逃避审查打开了方便之门。并且，短视频广告发布主体不受时空限制，监管方即使锁定了违法者，但囿于属地管理原则，相关监管部门也很难在第一时间对责任人依法追责。由此可见，现有的有限震慑，并不能从根本上解决问题。违规受罚者仍可通过注册新的账号、更换新的 IP 地址等不断发布违法广告。

近年来，新《广告法》（2015 年）、《互联网视听节目服务管理规定》（2015 年）、《互联网视听节目服务业务分类目录（试行）》（2017 年）等法律法规相继出台，互联网广告的监管开始逐渐常态化有序化，但实际效用仍然存在不足。以新《广告法》为例，虽然里面针对广告主和广告经营者列出了相应的监管条例，对医疗器械、保健品、未成年人的监管与保护也有所涉及，但对短视频广告的违法行为究竟如何问责却内容不多。《互联网视听节目服务管理规定》和《互联网视听节目服务业务分类目录（试行）》对短视频内容和平台的监管，也缺少相应的法律强制力。面对当前短视频广告井喷式发展现状，如何实现有效监管是一大现实难题。

3. 行业自律缺失导致监管主体的多元化难以实现

从短视频广告的行业维度来看，涉嫌违规违法的短视频原生广告屡禁不

① 中国互联网络信息中心．第 51 次中国互联网络发展状况统计报告（2023-03）．https://www.100ec.cn/detail--6625554.html.

止，这实际上与平台自律和行业监管存在怠性有关。国家工商行政管理部门对短视频广告领域的监管主要采取“举报—回应”原则，一切处罚措施皆因相关法律而履职。而对于短视频广告的举报和回应其实都与平台和行业有着直接关系。一方面，举报既可能是平台和行业在消费者权利保护上权限所及导致的溢出，也可能是不作为导致的无奈；另一方面，回应难免要通过平台实施账号封停、内容下架等惩戒措施，而平台方如因利益或其他原因而消极应对，那就难免因罚不力而难以发挥其应有功能。所以，平台和行业的有效自律，既可尽可能防止溢出和无奈，也可以罚促守法。更为关键的是，只有平台和行业在自律上履职履能，该领域的源头治理才有落地的可能。

以上这些短视频广告的生态习性，有的与短视频广告及其行业和平台自身有关，有的与法律法规和技术手段的不断完善有关。在短视频及短视频广告助力产业构成的关键时期，厘清短视频广告监管的主要困境，并据此寻找行之有效的监管措施和监管策略，其意义和重要性不言而喻。

（四）短视频广告生态治理策略

根据 2015 年出台的新《广告法》以及《互联网视听节目服务管理规定》，各级行政监管部门针对短视频广告现存的违法违规现象进行了大量工作，也建立了约谈、整改、下架、永久关闭等监管措施，但短视频广告在内容和形式上失范的现象仍然屡见不鲜。由此可见，该领域的监管涉及多重困难，包括互联网技术、广告、文化产业甚至社会文化风尚等方面，但监管关系到技术、平台和行业的健康发展，因此其紧迫性不言而喻。在这复杂、艰巨、紧迫交织的现状下，对短视频广告领域的监管不仅需要依靠法律的他律，更需要行业和平台的自律，社会各方主体应当协同一致，综合发力。

1. 不断完善以法律法规为根本准则的他律

新《广告法》及相关法律法规在短视频广告监管领域表现出鲜明的时代特征，这在一定程度上是基于规范发布现状的必要要求，但在监管上也存在短板。尤其是针对短视频广告类传播环境变化较大的领域，其短板更加明显。如新《广告法》针对管理职责进行了界定，在第 7 条第 2 款中规定道“县级以上的行政管理部门主管其辖区内的广告监管工作”。但从现实条件来看，县级行政管理部门仍然存在技术、渠道、人员等诸多问题，且这些难题伴随短视频广告的迅猛发展而逐渐升级。因此，这也要求法律条文不断完善，执行层面不断落实，唯有如此，才能真正规范短视频广告的行为准则。

依照现行《广告法》，健全执法层面上的规范迫在眉睫。例如，各级工商管理部门在对短视频违法广告进行监控查处时，应当进一步明确监管原则，以便有法治保障和法律依托。与此同时，要不断细对违法广告主和责任人的民事责任追究进行细化；建立典型案例数据库，强化短视频广告领域的违法识别机制，界定判定细则，弱化对短视频广告识别和判定环节的随意性。

2. 不断完善以平台和行业为核心主体的自律

在短视频广告领域，平台自律和行业引导极为重要。一方面，短视频广告的发布载体主要依托视频平台和 App 平台，因此只有加强平台自律，企业和服务商才能主动安装监管系统，或者采取相应的监管手段，加强对短视频内容的审查和筛选，剔除掉那些虚假、黄暴、违禁的广告内容，从短视频广告的发布环节进行打击。另一方面，必须加强短视频广告制作主体的意识，使其了解并自觉遵守相关法律法规，从源头上进行监管。

换句话说，以平台和行业为核心主体的依法自律，既是对该领域把关人的规训，也是对作为广告制作者和发布者的源头规训。

3. 以作为广告接受者的网民和相关社会组织为主体的互律

从监管权力来源的角度而言，绝大多数网民以及其他社会组织对短视频广告的把关和监管主要体现为舆论监管。他们积极参与互律的原因主要是自身利益和地位，因此既要监督执法者，也要监督短视频平台和短视频行业的所为是否依法合规，尽量维持各相关主体间的利益秩序，以期能够在相互协调的体系之下形成“法律共同体”。然而，舆论监管始终不具有强制性，因此这也对网民素质提出了更高的要求，要求他们采取适宜的监管方式，积极借用舆论力量来监督短视频领域的运行。其中，适宜的监管方式主要包括互联网的智能技术手段等，这主要是因为无论是短视频广告的制作，还是其发布和传播都必须使用互联网技术。如果网民能够学习和掌握对应技术，那么监管成本和效率优化也就有了强大的实现基础。

从社会组织监管角度来看，广告协会是当下重要监管主体之一。它的主要职能是在工商行政管理等职能部门的领导下，发挥自身对广告业的指导、协调、服务、监督职能。由此可见，依靠广告协会能够对短视频广告领域实施有效的社会监管，使其能够从广告企业、广告主等广告主体着手，形成与有关部门齐抓共管的治理格局。

五、智能广告生态习性及环境治理

伴随着大数据、云计算，以及 AR/VR 和人工智能技术的迅猛发展，社会、经济及文化等各领域都取得了长足进步，改变了人们的决策行为和行为模式，重塑了人们的生产和生活空间，也促使社会进入了数字化生存的全息化智能时代。广告也因智能时代而发生了变化，具体表现在广告主体界限消失、广告内容化、技术全面化及广告效果的明晰化。与此相伴，广告生态环境及结构也发生了变化，用户个人隐私遭受威胁，虚假、色情、低俗广告泛滥一时，行业自律更加弱化等，因而需要通过保护个人隐私促进用户的有效维权，加强广告审核，减少虚假、色情、低俗广告，组建广告联盟实现广告自律等措施，建构新的广告生态。

（一）全息化数字化生存的智能时代

随着计算设备运算能力的不断提升、深度学习系统的迅速发展，人工智能取得了显著发展。人工智能综合了计算机、语言学、神经学、心理学、控制学以及哲学等，形成多种学科、交叉性学科和综合性学科。

国内外学者针对人工智能的概念界定各有说辞，麻省理工学院教授 Patrick Henry Winston 指出：“人工智能主要是对计算机进行研究，从而去探究如何使计算机去完成原本只有人类才能完成的智能化工作。”①斯坦福大学的教授 Nils J. Nilsson 表示：“人工智能是真正意义上可以被称作知识的科学——具体表现在如何对知识进行表示、如何能够获得知识、如何正确使用知识。”② Ray Kurzweil 教授认为：“人工智能也可以被看作一门创建机器的技术，该机器可以模仿人类去完成原本依托人的智能去完成的工作。”③国内众多学者对于人工智能的概念界定也产生了热烈的讨论，学者蒋新松认为：“人工智能主要是采用计算机程序去模仿人的一切智能行为。”④蔡自兴和徐光祐教授认为：“人工智能主要是运用计算机去捕捉和模拟人类的智能化言行。”⑤朱祝武表示：“人工智能其实就是探究怎样采取技术手段，通过使用计算机模拟的方式去延展人类智能活动。”⑥

综上所述，国内外学者均认为人工智能主要是对人类智能化活动规律进行研究，并利用人工在机器等物质载体中进行模拟，进而了解和扩展人类复杂的智慧系统，它从真正意义上将自然科学特性和社会科学特性融为一体。

目前人工智能开始进入人们的日常生活，改变着人们的决策行为和行为模式，重塑人们的生产和生活空间，无论是当下出现的智能机器人，还是家家户户使用的智慧家居，甚至是无人驾驶、无人工厂等，皆代表着人工智能已经被广泛地运用到社会生活等各个领域，颠覆了大众对于传统生活方式的认知，进而涉入商业模式和社会秩序的生成机制，引起了人类社会全方位的深刻变革，预示着智能时代已经悄然降临。

智能时代主要指人类一切生产和生活都主要依靠人工智能进行的时代，

---

① SCHALKOFF R. Artificial Intelligence:an Engineering Approach[M]. New York:McGraw Hill Education,1990.

② J.NILSSON: Artificial Intelligence.a New Synthesis[M] San Francisco, Morgan Kaufmann Publishers Inc, 1998.

③ KURZWEIL. The Age of Spiritual Intelligent Machines[J] Work&Think in the New Age of Intelligent Machines, 2001.

④ 蒋新松. 人工智能及智能控制系统概述[M]. 自动化学报，1981（2）.

⑤ 蔡自兴，徐光祐. 人工智能及其应用[M]. 北京：清华大学出版社，1996.

⑥ 朱祝武. 人工智能发展综述[J]. 中国西部科技，2011（17）.

主要依托物联网、大数据，以及云计算和人工智能等技术的协调融合，实现数据革命和数字化生存，是真正意义上的全息化时代。

在智媒时代，人机交互、机器学习，以及自然语言处理和图像识别等技术取得了突破性进展。在该阶段，互联网信息已经逐渐演变为人类社会基本结构中的重要部分，这毫无疑问是信息技术高速发展的必然产物。如果能够借助人类智能技术和手段对巨量信息进行处理，实现互联网信息生产、分配的智能综合运用。那么，智能时代将具备明显的数字化、互联网化和智能化特征。

数字化是指借用各种技术手段进行信息处理，如利用大数据为互联网平台构建新的基础和框架，通过高流速捕获、发现和分析手段从大量数据中有效地提取有价值的信息；利用云计算将庞大的计算处理任务自动分拆成多个较小的子任务,然后把这些子任务分配给由多个互联网服务器所组成的系统，进行处理并将处理结果返回给用户。

互联网化是指互联网技术，尤其是移动互联网技术。通过海量数据的收集、存储、分析，对信息进行处理，使其更为适用和有价值。利用互联网技术可以减少冗余、无用的资讯，使其成为有用的信息。

智能化是指通过技术收集相关组织和个人的日常生活轨迹，依据人口统计特征进行 360 度全景画像，从而准确了解组织和个人所需要的信息，实现人机交互。人工智能不仅切实地让物与物之间的关系发生了改变，也让人与物、人与人间的交往和联系变得简便，促使人们生活节奏加快，能够让劳动者们的工作和生产效率得到显著提升。

（二）智能广告及特性

数字与互联网的相遇使广告经历了几个阶段的发展，从数字化到数据化再到智能化。智能广告主要依托大数据、AR/VR，以及云计算等技术，对广告的策划、创意、实施等环节进行辅助，从而达到与目标消费者进行有效沟通，并最终实现营销目的。

智能广告的特性主要如下。

1. 广告主体界限模糊

传统广告主要以广告主、广告人、媒体等作为广告主体，并且各方权利和义务都划分得十分清晰。广告主需要通过付费的方式雇佣广告人，使其进行广告策划和创意呈现，由工商管理部门审批，进而获取广告发布许可，最终才能请媒体推送发布。智能广告的广告主体既可以是广告主和广告经营，也可以是广告发布者或者广告代言人，因此存在主体界限模糊的问题。传统广告既定的三分广告主体到智能广告主体的界限模糊，显示出广告主体身份的转化与广告主体职责的重合。

智能广告主、广告发布者、广告经营者三个主体身份转化的情况很常见。广告主可以是广告经营者也可以是广告发布者，甚至广告发布环节不需要广告许可手续。另外，广告代言人可以在社交平台或网站平台上以直播的方式直接对代言的商品或服务进行广告推送,无须得到市场监管管理部门的许可。例如，2019 年的“双十二”，李佳琦和高晓松首次在淘宝公益同台直播，为贫困县农产品带货。当晚，40 万斤内蒙古大米 5 秒售罄。又如，当信息存储空间服务提供者、搜索引擎服务提供者、互联网空间服务提供者等互联网信息技术服务提供者通过售卖关注度比较高的展示位置时，其身份就从信息服务提供者转化为广告发布者；如果在提供广告的同时通过智能技术对广告内容进行优化设计和精准推送等来吸引点击量、播放量和转载量等，信息服务提供者此时又具备广告经营者的身份。广告主体的模糊是人工智能技术发展的必然结果。

智能时代的广告主体身份模糊带来的后果之一就是其不同主体职责的重合，这种职责重合既加大了广告主体自身广告事前审核的难度，也加大了职能部门对广告主体的监管难度。在智能时代，每个广告内容都有可能根据受众画像、大数据精准分析等实时变动。传统广告由于广告位、广告数量有限，广告内容更换频次慢，广告发布者、经营者对于广告审核较为容易。伴随智能时代的悄然到来,互联网平台的许多运营商不仅在充当互联网信息提供者，也在担任广告经营者。甚至在不同的时空，大众在互联网平台上看到的广告内容可能完全不一样，哪怕是同一个产品，甚至只需花一秒钟进行刷新，大数据与人工智能就可以根据你的喜好进行广告推送；如果广告受众随手转发扩散，受众身份又转化为广告发布者。比如抖音为创作者提供粉丝画像，创作者在构思广告内容时，可以依据粉丝画像进行创作以迎合他们的喜好，并且触动他们转发与互动，实现传播裂变，此时的粉丝又从广告受众直接转变为广告发布主体。综上，广告主体界限模糊导致主体职责出现明显的不清晰问题。该问题表现在实践中，可能导致广告产生的法律行为出现不同的定性和不同的侵权认定，因此广告主体所应承担的法律后果也必然存在差异。

2. 广告的内容化

传统媒体制作与发布的广告和内容属于不同的范畴，有着清晰的界限。传统广告强调内容营销，即通过广告对内容进行商业包装以此实现商业营销目的。智能广告非常注重广告内容化，商业广告则采用更为巧妙的方式和话语场景，利用热点进行话题制造，进而将产品或品牌品质链入广告内容中，而非直接突出产品或品牌内容，这样有利于模糊内容和广告之间的边界，使广告与内容达到高度融合，更好地实现商业目的。比如，可以在题材与广告间实现融合，或者在剧情与广告间结合，还可以在热点与广告间融合。广告和内容的高度融合能够提高广告的亲和力与柔韧性，从而增加广告的信息价值含量，更能充分满足普通大众对于广告的接受体验。目前智能广告逐渐显现出人机结合的特点，广告与内容也愈加融合，先前的十分明晰的边界也日益模糊。

广告内容化使得去广告化成为可能，智能时代的媒体不再仅作为广告推送载体和工具，而是开始转变为广告运作方；广告主们也不再只是单纯简单地制作广告，而是利用人机结合的技术，将预先设计好的广告内容和信息融入报道中。因此在智能时代的背景下，互联网平台和众多自媒体们不仅需要对广告信息进行推送，而且还需要对广告内容二次编辑。广告主与互联网平台和自媒体充分借助热点，围绕市场进行调研、研究和策划，最终将广告信息以一种隐蔽方式呈现，这样用户便在浏览信息时潜移默化地接受广告信息，这样的传播方式更有助于产品或品牌的传播。如抖音红人“蜀中桃子姐”通过短视频教大家做菜，在做菜过程中对相关产品进行特别强调以突出广告信息，使观众在看短视频的同时接受广告信息，粉丝出于对视频的喜欢进行二次转发，又扩大了广告传播范围。

传统媒体的广告主、媒体及受众是相对独立的，广告传播是单向硬推送，增加了广告生产的难度与成本。智能广告的广告主体、媒体（互联网平台、自媒体）、受众（既是传播者又是接受者）三者有机结合进行个性化交流和沟通，广告内容也从三者的需求出发进行表达和呈现，减少了广告生产成本，能更好地提高广告传播效果。

3. 广告的全面技术化

传统广告的市场调查是通过定量定性研究、观察法、实验法等获取的一手资料和二手资料形成的；广告策划及创意则是依据市场调查进行分析、提炼而形成的；广告发布是通过传媒购买方式完成；广告传播具有盲目性、单向性特征；广告效果评估是通过第三方的广告监管进行的。

随着大数据、云计算等技术的发展，广告产业开始发生深刻变革，广告产业链条当中的广告主、广告传媒、广告受众等要素也逐渐转变，整个广告行业的生产运营模式都在转型，智能广告的全面技术化逐渐实现，主要体现在以下四个方面。

（1）精准的目标受众。

目前大数据、PRP 以及云计算等技术和工具得到了广泛应用，能够精准定位和分析目标消费者的消费情景、消费的地理位置、消费具体项目，并对目标消费者进行 360 度的用户画像，借此达到个性化了解与推荐。以“今日头条”为例，它得以发展和壮大的优势不仅表现在海量优质内容上，其大体量且精细化的数据分析和数据营销能力同样具备极高价值，真正掌握了海量用户的兴趣爱好，是真正意义上的“内容管家”。

（2）程序化创意使得广告创意更加个性化、定制化。

广告创意必须洞悉消费者的内心世界，具有针对性，令消费者关注品牌内涵，提升品牌消费价值。智能广告立足于与广告主、广告经营者、广告发布者、消费者进行有效沟通，从而建立基于情感交流、树立品牌信仰的互联网广告沟通体系。

伴随智能技术的迭代更新，程序化创意悄然而生，它主要运用智能化的内容生产技术颠覆和取代传统内容生产。这种技术能够助力程序化创意不断延展，优化原有传播模式，改进服务模式。程序化创意主要包含图片类、视频类、文字类等几种程序化创意形式，这让整体广告创意变得愈加个性化和人性化，更能精准地吸引广告的目标受众。例如，腾讯公司的动态产品广告（DPA）是一个完整的闭环动态广告生态系统。该系统利用广告主回传的第一方行为数据，结合腾讯海量丰富的数据资源，实现针对老客户再营销和新客户营销双管齐下。同时，腾讯公司依托其强大的资源和媒体优势，可以精准触达国内绝大部分用户，利用腾讯社交关系链进行社交传播，为广告主提供全方位的广告服务。

（3）广告传播的延展性、交互性、即时性。

第一，智能技术能够助力广告传播的延展性，当下广告传播呈现出二次传播、三次传播、病毒式传播等几种传播形态，一次性的广告传播时代已经不复存在，任何用户都能够在移动终端和媒体终端去广告信息进行选择性吸纳，也可在吸纳基础之上进行二次加工，辅以编写、采集等手段以实现更加深远的广告信息传播。

第二，可以通过智能技术实现广告传播的交互性，形成多维、双向的广告传播。广告信息的接受者和传送者之间具有互动性特点，构成交互关系，且这种双向的广告信息交流是平等的。广告信息传播具有受者、传者、媒体等三种主要要素，受者要素对广告信息起吸纳和接收功能，受者也可以依据自身需求主动检索或发布信息。广告信息传送的过程中的传播者，也可以是广告信息接收者。广告媒体成为交互性传递的一种工具、传播手段，可以通过广告媒体把广告信息的传者和受者联系起来。如网易云音乐推出的“你给我变个 rapper 试试!”H5 广告，让受众参与 H5 互动，制作自己心中的 rapper，根据受众的个性为其推荐相应歌曲，同时生成不同的个性海报，触发受众进行朋友圈分享，以便形成广告的循环传播。

第三，智能技术能够助力广告即时性传播变为可能，麦克卢汉也曾对此展开了设想，他认为：“空间和时间能够在瞬息时代下刹那之间化为乌有。”① 毫无疑问，大数据和云计算等技术的横空出世解决了信息采集成本较高和出版时间受限等难题，不仅能够实现媒体信息内容的实时更新，而且能够根据对目标消费者的浏览行为和定位追踪更新推送广告，甚至还能通过传输和数字化记录的方式有效地将信息送达给用户。

（4）程序化购买促进广告投放最优化。

有学者对程序化购买做出了如下定义：“广告主和广告经营商利用数字媒体平台，通过计算机程序进行媒体购买和广告投放的自动化流程。”②该模式通过计算机程序，评估广告的曝光率和点击率等指标，从而实现精准的广告定向和媒体自动采购。这一模式所带来的特点主要包括以下几点。

第一，该模式将购买媒体转变为购买人群。通过对用户的行为和广泛兴趣进行全面分析，计算机程序帮助广告主确保广告投放的准确性。例如，抖音平台根据其独有的算法和智能推荐模块，能够给每个用户贴上标签，根据用户的兴趣特点，为其推荐适合的广告内容。

第二，该模式通过数据分析实现广告投放的科学化操作，为广告主打造个性化广告内容。该模式对用户的浏览行为和特征等进行综合分析，以提供个性化的广告，从而体现数据信息的个性化。例如，抖音平台上的内容加热工具 DOU+根据广告主需求，将适合其品牌和产品的促销短视频投放到适合的人群，从而提升视频的播放量和互动量，助力企业进行内容运营和品牌建设。

第三，该模式能够支持广告主自主设置广告投放的时间和地点，并且让广告主可以自主分析各媒体和自身品牌的适应度，建立一个良好的媒体

---

① 张咏华. 传媒分析：传播技术神话的解读[M]. 上海：复旦大学出版社，2002.

② 李儒俊，卢维林. 程序化购买广告模式研究[J]. 传媒，2017（1）.

投放环境，从而实现更加人性化和精准化的服务，并且可以全天候进行广告投放。

4. 广告效果明晰化

广告在内容生产上可以与游戏和电影等领域深度结合，形成让受众喜闻乐见的方式。例如，当下智能广告在传播方式上选择网站联盟，或者搜索引擎竞价排名等新手段，不再将媒体投放区域禁锢在原来的一亩三分地。此外，随着大数据和人工智能等技术的深入应用，广告形式也愈加丰富多彩，逐渐满足消费者的需求也逐渐得以满足。个性化的广告内容和广告形式，能够抓住目标消费者的心理需求，从而促成其产生购买欲望。例如，今日头条对用户进行分区设置，并根据分区情况推送热点资讯，这些热点资讯内容采取随机展示方式，投放更加精准。

另外，智能广告还能够提高广告受众到达的精准性。运用大数据、云计算和人工智能技术，不仅可以了解和掌握目标受众的触媒习惯，还可以拓展广告传播的广度和深度，使得触达受众的精确性更高，进而稳固提升广告传播的有效性。

（三）智能广告的生态习性

数字化和智能化的迅猛发展使得智能广告的智能时代特色愈发凸显，但难免也会滋生相应的问题，具体表现如下。

1. 个人隐私保护不充分

智能广告是无数据不广告的时代，广告活动依据大数据技术对用户的身份、年龄、地域、职业等进行人口统计学分析。不仅如此，还对用户的兴趣、身份和行为等特征进行数据化统计和分析，对消费者全方位无死角地追踪和分析形成数字化记录。在进行个人信息隐私的收集和使用时，难免暴露个人隐私，使得个人失去了对自身信息的掌控权。依据国外针对个人信息的法律原则，只可对用户非个人信息进行收集管理，并且信息使用途径和使用范围都必须谨慎对待。但在智能时代的浪潮下，用户的身份和非身份信息界限模糊，因为广告商可以对用户在各平台上的浏览行为等数据进行采集与分析，这极容易突破用户信息隐私尺度，可能用户的各项特征已被平台方精准推测，然而用户却浑然不觉。尤其是当下使用移动终端智能 App 的用户，由于阅读时间的碎片化往往会忽略相关条款并直接授权相关软件，而且由于用户处于弱势地位，这种授权往往又是被胁迫的。

2. 广告审核标准的不统一

传统广告经历了生产营销、产品营销、整合营销的变迁，广告主和广告经营者们的主体责任和义务逐步被明确和规范，主要的链路逻辑则是由广告主雇佣广告经营者进行广告设计与制作，再交由广告发布者进行发布推送。在该环节中，无论是广告经营者还是广告发布者，都必须获得专业的发布资格认证，领取营业执照后才可从事广告行业，并展开广告活动。明确了三者的分工，也就明确了广告市场的制约格局，广告的真实性获得了一定的保证。

智能广告的发布载体主要依托于移动互联网终端，但由于很多互联网网站并未获得广告业务的从业资格，加之网站良莠不齐和广告数量复杂庞大，职能部门现有的广告登记方式难以规范发布行为，对广告逐一审查更不可能实现。另外，绝大多数互联网网站缺少广告承接和广告设计发布的制度条例，对于广告发布者的真实信息无法核查，对广告宣传产品的质量更是难以保证。因此大量虚假违法和欺诈功利性广告层出不穷。

竞价排名是搜索引擎商推出的推荐排名服务，主要以关键词进行买卖的营销服务模式，付费较高的广告主体便可以在搜索结果中处于推荐榜单前列。[①] 它增加了消费者的识别难度。竞价排名靠前的榜单可以获得更多的点击，并且网站会设法将竞价排名的榜单与自然热点相混合，提高竞价排名信息的可信度，使受众更易产生“认同”。如百度网站便经常采取竞价排名的形式，使得消费者难以区分和判别。

① 李明伟. 论搜索引擎竞价排名的广告属性及其法律规范[J]. 新闻与传播研究，2009(6).

3. 行业自律不理性

我国当前主要采取以行政监管为主、行业自律为辅的广告监管制度。面对监督难度巨大的智能广告，行政监管范围的有限性、行业自律的低效性便愈发明显。

只要人工智能技术不断提升，那么智能广告便会不断发展。智能广告目前在发布、营销、效果评估等多环节上自主规范意识仍然较为薄弱。从发布的准入门槛来看，智能广告缺少规范性和明确性的发布门槛，大众皆可自主进行广告发布。从发布载体来看，发布者可通过门户网站、论坛贴吧或者邮件推送等渠道发布，如在抖音平台以短视频形式发布广告，在微信公众号以图文推送形式发布广告，甚至在各个平台的留言互动版面，都可发布广告；智能广告目前缺乏规范性审核标准，且缺少中立的专业性的审核机构，难免会给一些内容低俗、制作粗糙的广告以可乘之机，如一些通过自媒体发布的广告，制作成本低，甚至打低俗的擦边球，以吸引眼球。广告界限不明，广告监管困难，并且用户参与其中进行转发互动，使得平台信息繁杂，监管难度加大。

（四）智能广告生态治理环境

智能时代互联网广告生态习性要求尽快建立一个平衡、融合和理性的生态治理环境，具体措施如下。

1. 高度重视用户隐私保护并帮助用户有效维权

智能时代的浪潮下，互联网广告必须在精准投放之际去兼顾和重视用户个人隐私，努力平衡和协调精准投放与个人隐私保护间的关系。具体表现为：

第一，用户必须强化自身信息保护意识，培养自身在互联网使用过程中的安全技能。帮助他们在使用大数据和云计算等新兴技术时，能够判别安全因素和安全隐患，做到不轻易泄露自身的个人信息，形成良好的自我信息保护意识。

第二，完善隐私保护的法律法规，让用户在进行维权时有法律可依托。我国的现有法律法规还没有对个人信息权进行准确界定，更没有解释，只对名誉权或者隐私权进行了剖析和界定。智能广告在精准投放之际，主要通过对复杂技术的利用，达到有意或无意地公开个人信息的目的，由于用户欠缺对技术操作背后深层次的思考，因此难以识别自身信息泄露的渠道和过程。另外，用户个人信息被公开和泄露后，尽管用户可以通过相关平台申诉，然而仍然存在追责、取证和界定困难等问题，导致平台无法在第一时间给予用户回应。因此，用户想要通过正当司法程序维权时，难以通过有效的司法条例进行解释。

2. 厘清广告审核标准以促进广告市场的良性发展

由于智能媒体环境下的互联网广告在发布机制上具备多元性及互动性，因此必须厘清广告审核的相关标准。唯有如此，方能促进广告市场健康有序地持续发展。

（1）有效审核广告主体，谁发布谁负责。

传统广告主要采取工商部门审核之后再发布的流程机制，媒体内部也有三审制、四审制。随着智能时代大数据、云计算、人工智能技术发展，广告生产者与传播者界限模糊，广告主、广告经营者、广告发布者三者合一，很难界定广告主体和客体，因而可将智能广告审核与传统广告审核相结合，如传统广告由单一的工商部门审核，智能广告在审核方式上可以采取“生产者+平台+第三方”共同审核的手段，审核其资质及社会影响力。智能广告主要采用将“爬虫技术+图像+音频+文字”抓取相协同的形式，形成多角度全方位的审核。同时也应当始终秉持谁发布谁负责的原则，采取人工智能随时随地排查抓取的手段，对不合格广告进行剔除。

（2）理清虚假、违法、欺诈性广告及竞价排名广告，维持广告市场良性发展。

传统广告发布通过广告主向工商部门提交申请，工商部门对四大传统媒体的审核程序清晰，容易识别虚假的、违法的，或欺诈性的广告。而智能广告数量增加极快，在人人为媒体的当下，广告乱象明显，虚假的、违法的，或欺诈性的广告较为普遍，加上竞价排名广告频繁，受众眼花缭乱难以辨别真假，工商部门在审核过程中也存在极大困扰。

（3）建立闭环监管联盟以实现行业自律。

智能时代针对互联网广告的监管系统不再仅仅局限于传统广告对广告主、广告内容、广告发布采取单一化的监管模式，必须使用人工智能技术将广告主、平台、媒体串联成一条线，最终建立一个闭环的监管联盟，从而实现行业自律。具体表现在：

第一，广告主应当针对智能广告建立自纠自查机制。由于智能广告的互动性和匿名性，它的传播流向和监管范围使其很难被管控，管理者监管难度也随之增大。因而，相关部门必须加快以光缆为主体的基础传输网等设施建设，充分开发和利用最新信息技术成果，加速建设高覆盖率、高安全性的新一代公共信息网，①以此来对智能广告的全传播过程进行实时监控。除此之外，还应当充分借助大数据及人工智能等技术去对低俗智能广告进行查处和整治，并保证及时向社会大众公开相应信息，从而提升政府公信力。

第二，平台应当建立行之有效的审核机制。平台在发布广告时，必须按照相关法律法规落实自身的审核职责，一旦发现存在违规现象，必须立刻采取删除或者中断转发等措施。除此之外，还应当创建用户风险提示制度，预设安风险防患等关键词，也还可建立聊天框或者音视频关键词，从而确保可以从多角度对用户进行风险提示。与此同时，提供健全的举报渠道和举报流程，第一时间反馈处置结果。完善信用建设体系也势在必行。

第三，媒体必须肩负起监视环境的责任和使命。随着人工智能的发展，智能媒体在获取较大利益的广告之际，极易忽视作为媒体的使命和责任，为了当前的经济利益，放任虚假、违法、色情、低俗广告在互联网上活跃，这类型的低质广告不仅破坏了传播环境，而且污染了广告生态，媒体公信力也极大下降。具体可以从以下途径去加强媒体自律：第一，从广告产生链条角度，必须对厂商、审批机构、广告公司、广告代言人、零售商、发布媒体等各流程各环节进行清晰梳理，从源头上肃清隐患。第二，面对相关法律法规仍然滞后的现行状

① 林舒. 我国网络广告的现状及发展对策[J]. 商场现代化，2007（1）.

况，媒体应当积极发挥把关人作用，肩负起自身的社会责任。

人工智能的迅猛发展颠覆了大众的生活方式,也改变了传统的生产模式，智能广告应运而生。但由于技术、观念等仍然存在滞后性，智能广告生态面临个人隐私保护等问题，虚假、违法、欺诈广告等大行其道，广告审核与监管都面临着巨大挑战。因此，对消费者的隐私进行保护，维护整个广告市场的健康良性循环，形成闭环广告监管体系，已经迫在眉睫。

参考文献

[1] 罗伯特·G.皮卡德.传媒经济学[M]. 赵丽颖，译. 北京：中国人民大学出版社，2005.

[2] 艾·里斯，杰克·特劳特. 定位[M]. 北京：机械工业出处社，2017.

[3] 艾·里斯，杰克·特劳特. 广告攻心战略——品牌定位[M]. 刘毅志，译. 北京：中国友谊出版公司，1991.

[4] 艾·里斯，杰克·特劳特，史蒂夫·里金夫. 新定位[M]. 邓德隆，烨强，译，北京：机械工业出版社，2019.

[5] 菲利普·科特勒，凯文·莱恩·凯勒.营销管理[M]. 何佳讯，于洪彦，牛永革，译. 上海：格致出版社，2016.

[6] 康燕. 中国传媒产业发展方向与策略选择——基于产业经济学的视角[D]. 复旦大学，2010.

[7] 刘海贵. 中国报业发展战略[M]. 上海：人民出版社，2005.

[8] 钱晓文. 当代传媒经营管理[M]. 广州：中山大学出版社，2008.

[9] 余丽丽，吴飞. 大众传媒经济学：理论与实务[M]. 上海：上海交通大学出版社，2008.

[10] 周蔚华. 出版产业研究[M]. 北京：中国人民大学出版社，2005.

[11] 杨海军，王成文.传媒经济学[M]. 开封：河南大学出版社，2008.

[12] 张辉锋. 传媒经济学[M]. 广州：南方日报出版社，2006.

[13] 邓向阳. 媒介经济学[M]. 长沙：湖南大学出版社，2006.

[14] 谢金文. 中国传媒产业概论[M]. 上海：上海交通大学出版社，2007.

[15] 吴克宇. 电视媒介经济学[M]. 北京：华夏出版社，2004.

[16] 吴信训，金冠军. 现代传媒经济学[M]. 上海：复旦大学出版社，2005.

[17] 周鸿铎. 传媒经济学教程[M]. 北京：首都经济贸易大学出版社，2007.

[18] 崔保国. 传媒蓝皮书：中国传媒产业发展报告[M]. 北京：社会科学文献出版社，2008.

[19] 李程骅．中国经济与传媒评论（第 1 卷）：创意与传媒[M]．上海：复旦大学出版社，2007.
[20] 王德中．管理学[M].成都：西南财经大学出版社，2007.
[21] 陈佑荣．媒介产业化研究综述 [J]．中国电视，2007（7）.
[22] 宋建武．媒介经济学——原理及其在中国的实践[M]．北京：中国人民大学出版社，2006.
[23] 凯文・莱恩・凯勒．战略品牌管理[M].吴水龙，何云，译．北京：中国人民大学出版社，2014.
[24] 大卫・奥格威．奥格威谈广告[M]．曾晶，译．北京：机械工业出版社，2003.
[25] 费尔迪南・德・索绪尔．普通语言学教程[M]． 高名凯，译.北京：商务印书馆，1980.
[26] 范欣．试论中国传播媒介的品牌化经营 [J]．肇庆学院学报，2001（1）.
[27] 陈兵．传媒品牌的核心价值及定位 [J]．当代传播，2007（3）.
[28] 万力．媒介经营与产业化操作实务[M]．北京：新华出版社，1999.
[29] 明安香．信息高速公路与大众传播[M]．北京：华夏出版社，1999.
[30] 冯昭奎.新技术革命对日本经济的影响[J]．机械与电子，1986（5）.
[31] [美]尼葛洛・庞帝．数字化生存[M].胡泳，译．海口：海南出版社，1997 年.
[32] 章玉炎，等．媒介融合：从优质新闻业务、规模经济到竞争优势的发展轨迹[J]．中国传媒报告，2006（3）.
[33] DOYLE G. Media Ownership: The Economics and Politics of Covergence and Concentration in the UK and European Media[M]. London:SAGE Publication，2022.
[34] NACHISONA. Good Business or Good Journalism? Lessons From the Bleeding Edge[J]. A presentation to the World Editors，Forum, Hong Kong, 2001（6）.
[35] GORDONR. The meanings and im plication of convergence.In K.Kawamoto,Ed[J]. Digital jourmalism:Emerging Media and the Changing Horizons of Journalism，2003.

[36] Jenkins. Convernce Culture:When Old and New Media Colide[M]. New York：New York University Press，2006.

[37] 崔磊，舒咏平.新媒体广告及其融合服务初探[J]. 湖北师范学院学报哲学社会科学版，2011（3）.

[38] 喻国明. 互联网是一种“高维”传媒——兼论“平台型媒体”是未来传媒发展的主流模式[J].新闻大学，2015（2）.

[39] 王莹，沈德华，李民胜.论高校图书馆员职业倦怠的原因及对策[J].科技情报开发与经济，2010（34）.

[40] 周磊. 中国电视构建平台型媒体的路径分析 [J]. 出版广角，2017（7）.

[41] 薛潇冬. 病毒式广告传播研究[D]. 哈尔滨：黑龙江大学，2013.

[42] 陈可. 对我国网络广告市场发展状况的思考[J]. 新闻界，2003（2）.

[43] 林舒. 我国网络广告的现状及发展对策[J]. 商场现代化，2007（1）.

[44] 康瑾. 原生广告的概念、属性与问题[J]. 现代传播，2015（3）.

[45] 喻国明. 镶嵌、创意、内容移动：互联广告的三个关键词——以原生广告的操作路线为例[J]. 新闻与写作，2014（3）.

[46] 康瑾. 原生广告的概念、属性与问题[J]. 现代传播，2015（3）.

[47] 朱杰，崔永鹏. 短视频:移动视觉场景下的新传媒形态——技术、社交、内容与反思[J] . 新闻界，2018（7）.

[48] 王洁. 短视频的流行及监管[J]. 中国广播电视学刊，2018（12）.

[49] 蒋新松. 人工智能及智能控制系统概述[J]. 自动化学报，1981（2）.

[50] 蔡自兴，徐光祐. 人工智能及其应用[M].北京：清华大学出版社，1996.

[51] 朱祝武. 人工智能发展综述[J]. 中国西部科技，2011（17）.

[52] 张咏华. 传媒分析：传播技术神话的解读[M]. 上海：复旦大学出版社，2002.

[53] 李儒俊. 卢维林. 程序化购买广告模式研究[J]. 传媒，2017（1）.

[54] 李明伟. 论搜索引擎竞价排名的广告属性及其法律规范[J]. 新闻与传播研究，2009（6）.

后　记

中国传媒市场化从 1978 年首都八大新闻单位提出的“事业单位，企业化经营”模式开始，经过了 40 多年发展，传媒产业化成为传媒经济的主流。传媒遭遇资本后又开始了传媒资本经营，在做大做强的呼声中，中国传媒产业不仅实现了传媒集团化，而且走上了国际化之路。传媒产业成为文化产业中不可或缺的重要组成部分。

在数字技术的影响下，三网融合开启了媒体融合之路。随着互联网技术的迭代和升级，媒体融合成为国家战略，全媒体之路从传统媒体之间的融合，再到传统媒体与新兴媒体的融合以及新兴媒体之间的融合，形成了中国传媒产业的独特发展之道。新兴媒体促成了中国媒体融合，媒体融合更加推进了新兴媒体的发展和升级。

伴随大数据、云计算、人工智能的不断发展和提升，从 PC 端媒体到移动端媒体再到智能端媒体，每一次技术的进步都促使中国传媒产业的更新换代。智能媒体以及 5G 的普及，万物皆媒体时代已不再是遥远之事。

本研究是阶段性成果。随着时代的进步和形势的发展，研究还需继续深入。期待各位专家学者不吝赐教，在此表示感谢。

作者

2023 年 3 月